주님과 차 한잔을

정원 지음

영성의 숲

서문

나는 유머를 참 좋아합니다. 유머를 즐기는 삶을 좋아합니다. 신앙이란 진지하고 깊은 것이지만 또한 동시에 즐겁고 재미있는 것이라고 생각합니다.

그래서 나는 말씀을 전달할 때에도 유머와 장난 속에서 즐겁게 메시지를 전하는 것을 좋아합니다. 나는 영성의 깊은 진리들도 지나치게 심각한 모습보다 단순함과 즐거움 속에서 더 전달될 수 있다고 믿습니다.

신앙의 귀한 진리들, 주님을 사모하고 가까이 나아가는 데 도움이 되는 원리들을 유머를 통해서 전달하고 싶어서 이 책을 썼습니다. 주님과 같이 차를 한잔 마시는 기분으로 부담 없이 읽어주시기를 바랍니다.

이 책은 몇 년 전에 베드로서원에서 〈주님과 커피 한잔〉이라는 제목으로 출간한 바 있습니다. 이번에 2부의 내용을 덧붙여서 새롭게 출간하게 되었습니다. 2부의 내용은 홈페이지의 〈유머와 진리〉 코너에 올렸었던 것으로 가벼운 유머에 영적 의미를 부여한 것입니다.

부디 이 책이 자연스러운 미소와 함께 여러분의 영적 진보와 통찰력의 증가에 도움이 되시기를 기대하는 바입니다.

2004. 6. 정원

목 차

1부 주님과 차 한 잔을

1. 기독교는 누림이다 · 11
2. 영적 성숙과 언행 · 13
3. 가르치는 은사와 십자가 · 15
4. 세상에서 가장 겸손한 사람 · 17
5. 억압과 자유 · 19
6. 미지의 신이여! · 21
7. 겸손과 교만 · 23
8. 눈물에 무너지는 마음 · 25
9. 300원으로 마음잡기 · 27
10. 기도의 언어 · 29
11. 비판을 심지 말라 · 31
12. 두려움이 가져다주는 것 · 33
13. 단순함의 능력 · 36
14. 잠자는 영혼 · 38
15. 따뜻해진 방바닥 · 40

16. 선물을 받을 수 있는 수준 · 42
17. 예배는 어떤 예식인가? · 44
18. 믿음과 사랑의 싸움 · 46
19. 실천적인 무신론자 · 48
20. 하루 8시간의 기도 생활 · 50
21. 제사장의 역할 · 53
22. 물고기의 최후 · 55
23. 찬양의 중심 · 58
24. 딱 한 가지 소원 · 60
25. 세 나무 이야기 · 62
26. 옳은 것과 사랑하는 것 · 68
27. 네게 있는 것으로 주라! · 70
28. 사랑하는 것의 반대는 무엇인가? · 73
29. 과연 예수님은 당신의 주인이신가? · 76
30. 왜 여리고를 도는가? · 83
31. 하나님의 음성? · 85

32. 어느 할머니가 우는 이유 · 88
33. 예원이의 대학 생활 · 90
34. 비판의 이유 · 92
35. 관계는 진리보다 중요하다 · 95
36. 진정한 자유 · 98
37. 세상을 이기는 믿음 · 100
38. 객관적인 통찰력 · 104
39. 얼굴에 빛을 주시는 주님 · 108
40. 영혼의 안식과 회복 · 110
41. 의분인가? 착각인가? · 113
42. 세상의 영과 하나님의 영 · 116
43. 성장하는 기쁨 · 119
44. 주님을 사랑함으로 자기를 포기함 · 122
45. 사람은 자기가 듣고 싶어 하는 것만을 듣는다 · 124

2부 유머와 영적 교훈

1. 내면과 외면의 균형 128
2. 진정한 따뜻함 · 130
3. 시험과 변명 · 132
4. 착각인가? 실제인가? · 134
5. 바른 통역자가 되어야.. · 136
6. 꺼벙이 남편의 일기 · 138
7. 도대체 떠드는 게 누구인가? · 140
8. 짜파게티의 변신 · 141
9. 삭개오의 시력은? · 143
10. 무서운 보너스 · 145
11. 된장의 소원 · 147
12. 융통성이 있어야.. · 149
13. 삭개오가 시험에 떨어진 이유 · 152
14. 어설픈 위로자 · 155
15. 금이 간 젓가락 · 157
16. 새인가, 벌레인가 그것이 문제다 · 159

17. 떡이 된 사람 · 161
18. 지하철은 무엇으로 가는가? · 163
19. 유일하게 행한 착한 일 · 164
20. '도대체'를 어디서 배웠지? · 166
21. 누가 미친 사람인가? · 168
22. 무엇에 미쳐야 하는가? · 170
23. 아이들의 눈 · 172
24. 구두가 문제야! · 174
25. 붕어의 비밀 · 177
26. 엄마를 도와주는 방법 · 179
27. 높은 곳에서 보면 · 181
28. 엉망 가족 · 182
29. 해병대 병사의 비애 · 184
30. 지각의 이유 · 186
31. 누가 문제인가? · 187
32. 짖는 개와 무는 개 · 189

33. 설교와 죽 · 191

34. 결혼식과 장례식 · 192

35. 어디에나 존재하는 사오정 · 194

36. 에어컨이 없는 차 · 196

37. 여유 있는 사람 · 198

38. 교통 카드 사용법 · 201

39. 공사 중 · 203

40. 모든 영역 · 205

41. 누가 도와주는가? · 206

42. 무릎 꿇기 · 208

43. 반말과 존댓말 · 210

44. 관심과 변화 · 211

45. 점 빼기 · 213

46. 추리 능력 · 215

47. 새 이름 · 217

48. 순수한 긍지 · 219

1부

주님과 차 한 잔을

1. 기독교는 누림이다

한국에 잠시 다니러 온 어떤 선교사님이 한국 목사님에게 이런 이야기를 했습니다.
"한국의 성도님들은 좀 이상하군요."
목사님은 곧 선교사님께 되물었습니다.
"무엇이 그렇게 이상합니까?"
"교회의 바깥에서는 밝은 표정으로 있다가 일단 교회에 들어오기만 하면 심각하고 어두운 표정을 짓고 앉아 있는 것을 많이 보는데 그 이유가 도대체 뭡니까?"

한국 목사님은 대답이 몹시 궁하게 되었습니다. 고민 끝에 그는 이렇게 대답했습니다.
"글쎄요. 아마 그리스도의 고난을 깊이 묵상하고 있는 모양이죠?"
선교사님은 다시 질문했습니다.
"그렇다면 한국 성도님들은 주님께서 십자가에 돌아가신 후 부활하셨다는 사실을 깜박 잊어버린 모양이죠?"

* 기독교는 누림입니다. 누림의 종교입니다.
오늘날 우리가 사는 세상에는 많은 고통과 슬픔이 있지만 예수 그리스도 안에 거하는 자에게는 자유함이 있으며 기쁨과 누림이 있습니다.
그러므로 당신이 믿는 사람이라면 인상을 쓰고 괴로운 표정을 짓고 살지 마십시오. 모든 순간에 주를 바라보며 그 분의 은총을 누리십시오. 주님의 풍성하심을 경험하고 누리십시오. 그러한 누림과 풍성함, 그것이 바로 기독교의 시작인 것입니다.

주는 영이시니 주의 영이 계신 곳에는 자유가 있느니라 (고후 3:17)

2. 영적 성숙과 언행

어떤 여집사님이 자기의 성격에 대하여 목사님께 이야기를 하고 있었습니다.
"목사님, 저는 아주 화끈한 성격이에요. 저는 항상 뒤가 없어요."
목사님은 미소로 말을 받았습니다.
"왜 뒤만 없습니까? 앞도 없어야지요."
집사님은 다시 변명하듯이 대답했습니다.
"하지만 목사님, 저는 화를 자주 내기는 하지만 그것이 오래 가지는 않아요. 그냥 그 때 뿐인걸요. 저는 금방 다 잊어버려요."
"물론 집사님은 오래 가지는 않겠지요. 그러나 집사님께서 화를 냈을 때 상대방이 받은 상처는 아주 오래갈 것입니다. 가해자는 모든 것을 빨리 잊어버리지만 피해자는 오랜 세월이 흘러도 많은 것을 기억하고 있으니까요."

* 영적으로 어린 사람들은 상대방의 마음을 잘 모르며 자신의 마음과 자신의 입장만 생각합니다. 그들은 자신의 상태가

좋으면 상대방도 좋으며, 자신의 기분이 좋지 않으면 상대방도 좋지 않다고 생각합니다.
또한 자신에게 좋은 것이면 상대방도 좋은 것이며, 자신이 싫어하는 것은 상대방도 싫어할 것이라고 생각합니다.
영적으로 어린 아이일수록 함부로 말하고 함부로 행동하며 그것이 다른 사람들에게 어떤 영향을 주는지에 대해서 잘 인식하지 못합니다. 그러므로 남에게 상처를 주고도 자신은 전혀 알지 못합니다.

이러한 이들은 악의는 없으나 무지하고 어리석습니다. 그러므로 그들은 본의 아니게 많은 사람들에게 피해를 주게 되며 상처를 주게 되는 것입니다.
우리는 영의 성장을 사모하고 추구해야 합니다.
영이 자라갈수록 사람들은 쉽게 사람들을 섬기며, 치유하며, 사랑하며, 도와줄 수 있습니다. 어린 아이들은 아무리 열정이 있어도 결국 사고만 치고 다닐 뿐입니다.
그러므로 우리는 충분한 영의 성장을 이루어 사람의 마음을 이해하고 도울 수 있는 통로가 되어야 하는 것입니다.

형제들아 내가 신령한 자들을 대함과 같이 너희에게 말할 수 없어서 육신에 속한 자 곧 그리스도 안에서 어린 아이들을 대함과 **같이 하노라** (고전 3:1)

3. 가르치는 은사와 십자가

어떤 여전도사님은 가르치는 것을 아주 좋아했으며 자신의 가르치는 은사에 대한 긍지와 자부심을 가지고 있었습니다. 어느 날 그녀는 담임목사님께 말했습니다.
"목사님, 저는 말씀을 가르칠 때 너무나 행복하고 보람을 느껴요. 그리고 저에게 가르침을 받는 이들이 말씀을 듣고 기뻐하고 만족하며 변화되어 가는 모습이 아주 즐거워요."

목사님은 조금 미심쩍은 면도 있어서, 그녀의 강의를 자주 듣는 성도에게 그녀의 메시지를 들은 소감을 물어 보았습니다. 그 성도는 잠시 머뭇거리다가 간신히 대답했습니다.
"계속 십자가를 바라보았지요. 주님이 저를 위해서 십자가에서 죽으셨는데, 저도 이 정도의 고통은 견뎌내야겠다는 생각이 들어서…"

* 자신은 좋은 사역을 하고 있다고 생각하지만 상대방은 그로 인하여 고통을 겪고 있는 경우는 참으로 많습니다. 그것은 확신이 아니고 착각입니다.

오늘날 많은 사역자들이 자신감과 확신을 가지고 메시지를 전하지만, 적지 않은 경우 성도들은 그 시간을 고통스러워합니다.

사역자는 자기만족에서 벗어나 진정한 영적 실제를 가지고 있어야 합니다. 실제적으로 사람들의 마음과 영을 분별하고 진리를 증거하기 위해서 사역자는 지혜와 계시의 영을 구해야 합니다.

그 영만이 자신의 모습을 바르게 보여주며, 사람들의 상태를 보여주며, 단순한 지식이 아닌 생명적인 도움을 줄 수 있기 때문입니다.

우리 주 예수 그리스도의 하나님 영광의 아버지께서 **지혜와 계시의 영**을 **너희**에게 주사 하나님을 알게 하시고 **너희** 마음의 눈을 밝히사… (엡 1:17, 18)

4. 세상에서 가장 겸손한 사람

겸손한 사람들끼리만 모이는 어떤 모임이 있었습니다. 그들은 정말 너무 너무 겸손했습니다. 말하는 것도 겸손했고, 웃는 것도 겸손하게 웃었습니다. 식사를 하는 것도, 걸음을 걷는 것도 아주 겸손했습니다.
그들은 너무 겸손했기 때문에 겸손하지 않은 사람들과는 상대도 하지 않았습니다. 사람들은 감히 그들과 함께 어울릴 수 없었습니다.

어느 날, 겸손한 사람들의 모임은 그들 중에서도 가장 최고로 겸손한 사람을 뽑기로 하였습니다.
그리고 철저한 시험을 거쳐서 그 중에서 가장 완벽하게 겸손한 사람을 뽑았습니다.
그는 너무나 기분이 좋았습니다. 그래서 그는 속으로 독백했습니다.
"아! 나는 얼마나 겸손한 사람인가! 세상에서 나만큼 겸손한 사람은 아마 없을 거야.."

* 겸손은 행위의 문제가 아닙니다.
그것은 심령, 깊은 마음 중심의 문제입니다.
외형적인 겸손은 우리가 애쓰고 노력하면 어느 정도 흉내 낼 수도 있을 것입니다.
그러나 겸손이 마음 중심의 문제라면, 하나님께서 우리의 폐부 속을 살피신다면, 우리는 전혀 대책이 없습니다.
오직 죽기까지 순종하신 어린 양의 피, 어린 양의 영이 우리에게 오실 때에야 만이 우리는 진정한 겸손을 이해하고 경험할 수 있을 것입니다. 우리는 오직 이 영이 우리에게 오시기를 갈망하고 기도해야 할 것입니다.

너희 안에 이 마음을 품으라 곧 그리스도 예수의 마음이니 그는 근본 하나님의 본체시나 하나님과 동등됨을 취할 것으로 여기지 아니하시고 (빌2:5,6)

5. 억압과 자유

한 그리스도인이 그의 오래된 친구인 노인에게 이야기를 하고 있었습니다.
"자네는 내가 볼 때 진정한 그리스도인이네. 나는 오랜 동안 자네와 사귀어 왔지만 한 번도 자네가 화내는 것을 본 적이 없어. 나는 자네의 믿음이 부럽네."
그의 친구는 한동안 침묵을 지키더니 대답을 했습니다.
"자네는 나의 겉을 볼뿐이네. 내가 겉으로는 화를 내지 않지만 속으로는 얼마나 부글부글 끓는지 정말 모를 걸세"

* 참는 것은 진정한 승리가 아닙니다. 해방도 아닙니다. 거기에는 긴장이 있습니다. 갈등이 있습니다. 고통이 있습니다. 그것은 근본적인 문제의 해결이 아니며, 다만 억압일 뿐입니다. 그것은 언젠가 폭발할지도 모릅니다.
그러나 진리의 영이 오시면, 그는 해방됩니다. 담배를 끊으려고, 술을 끊으려고 애쓸 필요가 없습니다. 피우고 싶은, 마시고 싶은 생각이 나지 않기 때문입니다.
마음속의 분노를 누르려고 애쓰는 것이 아니라 오히려 상대를 불쌍히 여기는 마음이 생겨나게 됩니다. 이것이 곧 자유함인 것입니다.

너희가 내 말에 거하면 참으로 내 제자가 되고 진리를 알지니 진리가 **너희를** 자유롭게 하리라 (요8:31, 32)

6. 미지의 신이여!

한 청년이 있었습니다. 그가 교회에 다니게 되었는데, 그는 분명한 거듭남의 경험이 없었지만, 영리하고 똑똑했기 때문에 사람들의 인정을 받아 청년부의 총무를 맡게 되었습니다. 그는 활동적이고 책임감도 강해서 그에게 맡겨진 일들을 잘 처리해 나갔는데, 한 가지 고역이 있다면 가끔 가다가 예배 때에 대표기도를 맡는 일이었습니다.

그는 다음 주 예배에 기도를 맡게 되면 그 전날 저녁에 고심을 하며 멋진 기도문을 작성하곤 했습니다.
예배 때의 기도시간이 되면 그는 '다 같이 기도하십시다.' 하고 말한 후에 모든 사람들의 눈이 감겼는지를 철저하게 확인한 다음, 그의 원고를 품에서 꺼내어 유창하게 그의 멋진 기도 원고를 읽어 내려가곤 하였습니다.

그런데 어느 날 갑자기 비극이 왔습니다. 전혀 원고 준비가 안 된 상황에서 그는 갑자기 기도를 맡게 되었던 것입니다. 그는 할 수 없이 앞으로 걸어 나갔습니다. 그리고 '다 같이 기도하십시다.' 하고 말하자 모두들 눈을 감았습니다.

그는 눈앞이 캄캄했습니다. 대표기도를 많이 했었지만 원고가 없으니 갑자기 아무 것도 생각나는 것이 없었습니다. 아니, 도대체 기도를 처음에 어떻게 시작해야 되는지 조차 기억이 나질 않았습니다.
그는 오랫동안 침묵을 지켰습니다. 그리고 한참 후에, 그는 이렇게 기도를 시작했습니다.
"오, 미지의 신이여!"
하나님은 그에게 진정 미지의 신이었던 것입니다.

* 외적으로 기독교를 접촉하는 것과 그 내면과 중심으로 기독교를 접촉하는 것은 전혀 다른 것입니다.
거듭나지 않은 자에게 있어서 하나님은 미지의 신일 뿐 입니다. 종교적인 행위들을 흉내 낼 수는 있지만, 그는 참 기쁨과 자유를 알 수가 없습니다.
그러나 예수 그리스도의 피로 말미암아 구속함을 얻은 이들에게 하나님은 아주 가까우신 분입니다. 그분은 미지의 신이 아닙니다. 그분은 말할 수 없는 은총을 베푸시는 분이며 언제나 따뜻하게 그와 동행하여 주시는 분이 되시는 것입니다.

이제는 전에 멀리 있던 너희가 그리스도 예수 안에서 그리스도의 피로 가까워졌느니라 (엡 2:13)

7. 겸손과 교만

어떤 집사님이 목사님께 물었습니다.
"성도에게 있어서 가장 필요한 덕은 무엇입니까?"
목사님은 지체 없이 대답했습니다.
"겸손입니다."
집사님은 다시 물었습니다.
"그러면 그 다음은요?"
"둘째도 역시 겸손입니다."
"그러면 셋째는요?"
"셋째도 역시 겸손입니다."

집사님은 질문의 방향을 바꾸었습니다.
"그렇다면 성도가 두려워해야 할 가장 큰 악덕은 무엇입니까?"
이번에도 목사님은 역시 지체 없이 대답했습니다.
"그것은 교만입니다."
"그 다음은요?"
"둘째도 역시 교만입니다."
"셋째는요?"

"셋째도 역시 교만입니다."
"그렇다면 교만이란 어떤 것입니까?"
"나는 교만하지 않다고 생각하는 것이 교만입니다."
"그렇다면 아주 심한 교만은 어떤 것일까요?"
"나는 겸손한 사람이라고 생각하는 것입니다."

* 겸손은 복의 근원이며 하나님이 주시는 모든 보화의 통로입니다. 교만이란 가장 무서운 악으로 사탄이 역사하는 모든 일의 시작입니다.
높아지는 것을 좋아하는 모든 자는 사단에게 잡히며 그의 통로가 될 것입니다.
교만이란 무엇일까요? 그것은 피조물인 자신의 위치를 떠나는 것이며 높은 곳으로 올라서서 영광을 취하려는 것입니다.
사단의 통로가 되지 마십시오. 오직 낮아지십시오.
티끌만큼까지도 낮아져서 그리스도의 영이 임할 수 있게 하십시오. 그 분은 오직 낮아진 자에게만 오십니다.

아무 일에든지 다툼이나 허영으로 하지 말고 오직 겸손한 마음으로 각각 자기보다 남을 낫게 여기고 (빌2:3)

8. 눈물에 무너지는 마음

몹시도 사이가 나쁜 한 부부가 있었습니다. 성격차이와 여러 가지 이유로 그들은 참으로 열심히 싸웠습니다.
그들은 결국 이혼을 하기로 결정했습니다.
문제는 어린 딸의 양육에 대한 것이었습니다. 그들은 딸만큼은 자신이 키우겠다고 주장했고 서로 전혀 양보하지 않아서 결국은 법정에 서게 되었습니다.
법정에서 판사는 어린 딸에게 물었습니다.
"너는 누구랑 살겠니? 어서 대답해봐."
그러나 아이는 선뜻 대답하지 못했습니다.
아이는 한동안 엄마, 아빠를 번갈아 쳐다보더니 그만 '으앙!' 하고 울음을 터뜨리고 말았습니다.

사건은 여기서 싱겁게 끝났습니다. 그 울음이 분노한 엄마의 마음을 녹여버렸던 것입니다.
"애야, 내가 잘못했다. 나, 이 재판 안 할 거야. 우리 모두 다 같이 살자."
남편도 화해를 하고 딸 덕분에 그들은 서로 용서를 하고 같이 행복하게 살게 되었습니다.

* 눈물은 분노한 사람의 마음을 무너뜨립니다. 사랑하는 딸의 눈물은 더욱 그렇겠지요.
주님의 마음을 사로잡는 데에 눈물만한 것이 있을까요. 그분은 사랑하는 성도들의 눈물과 탄식을 들으십니다. 당신은 주님 앞에서 얼마나 우는지요?
지쳤을 때, 힘들었을 때, 외로울 때, 사모할 때 우리의 간절함과 애통함을 그 분께 쏟아 부으십시오. 주님만이 우리의 위로자이시며 치유자이시며 생명의 주가 되십니다.

나의 눈물을 주의 병에 담으소서 이것이 주의 책에 기록되지 아니하였나이까 (시 56:8)

9. 300원으로 마음잡기

신학대학원에 다니던 무렵, 나는 몹시 가난했습니다. 한 번은 기숙사의 식비 500원이 없어서 몇 끼를 굶었는데, 집으로 가는 중에 주머니를 뒤져보니 300원이 나왔습니다.
배가 몹시 고팠던 나는 길가에서 파는 호떡을 사 먹을까, 아니면 집에서 내가 오기를 기다리고 있는 아내에게 줄 초콜릿을 살까 한참을 망설였습니다. 아내는 초콜릿을 아주 좋아했기 때문입니다.

평소라면 당연히 쉽게 초콜릿을 샀겠지만 그 때 나에게 호떡은 너무나도 맛있게, 매력적으로 보였습니다.
고민 끝에 나는 초콜릿을 선택했습니다. 나에게는 굶주린 배를 채우는 것보다 아내를 즐겁게 해주는 것이 더 행복한 일이었기 때문입니다.

7, 8년쯤 지나서 어느 칼럼에 그 이야기를 썼는데, 아내가 글을 읽다가 울기 시작하는 것이었습니다.
"호떡을 사먹지, 초콜릿을 사오는 바보가 어디 있어…"
그까짓 300원짜리 초콜릿 때문에 아내는 펑펑 울었습니다.

* 아내의 마음을 잡는 것은 아주 쉬운 것입니다. 그것은 300원이면 충분합니다. 큰 소리나 폭력, 위압적인 태도로 아내의 마음을 얻으려고 한다면 그것은 실로 어리석은 일입니다. 위협이 아닌 사랑으로 인하여 우리는 마음에 감동을 받게 됩니다.

주님은 따뜻하고 친절하신 분이십니다. 그분은 우리를 위협하지 않으시며 우리를 위하여 아파하시고 슬퍼하셨으며 십자가에서 죽으셨습니다. 그러므로 그 사랑과 은총을 깨닫고 경험한 모든 이들은 오직 주님만을 위해 살기 원하며 자신의 생명과 모든 것을 주를 위해 바치기를 원하게 되는 것입니다.

사랑하는 자들아 우리가 서로 사랑하자 사랑은 하나님께 속한 것이니 사랑하는 자마다 하나님으로부터 나서 하나님을 알고 (요일 4:7)

10. 기도의 언어

어느 목사님이 집사님과 상담 중에 어떤 구체적인 잘못을 지적하면서 회개할 것을 권면하였습니다.
집사님은 고개를 끄덕이며
"잘 알겠습니다."
하더니 기도하기 시작했습니다.
"주님, 제가 만일 잘못했다면 용서하여 주옵소서."
목사님은 어처구니가 없어서 기도를 중단시켰습니다.
"집사님, 잘못했으면 잘못한 것이고, 아니면 아닌 것이지 '만일 내가 잘못했다면' 이 뭡니까?"

집사님은 역시 고개를 크게 끄덕이더니 말했습니다.
"다시 기도하겠습니다."
그리고는 기도를 시작했습니다.
"주님, 우리의 죄를 용서하여 주시고.."
"잠깐 스톱!"
목사님은 다급하게 그 기도에 뛰어 들어갔습니다. 그리고 외쳤습니다.
"왜 나까지 끌고 들어가요?"

* 오늘날 그리스도인들이 드리는 많은 기도들이 형식과 습관에 치우쳐 있습니다. 기도에 사용되는 언어들은 많은 경우 현실에서 사용하는 언어와 다릅니다.

오늘날 많은 이들이 습관적이고 종교적인 언어를 나열하여 열심히 기도하지만 그 언어에 마음이 담겨져 있지 않은 경우가 적지 않습니다.

그러한 기도는 진정한 기도라고 할 수 없는 것입니다. 기도에는 기도자의 진실한 마음이 자연스럽고 단순한 언어로 표현되어야 합니다.

기도는 쇼가 아닙니다. 기도는 웅변이 아닙니다. 기도는 연극이 아닙니다. 기도는 주님과의 자연스러운 만남이며 아름다운 대화인 것입니다.

또 기도할 때에 이방인과 같이 중언부언하지 말라 그들은 말을 많이 하여야 들으실 줄 생각하느니라 (마 6:7)

11. 비판을 심지 말라

온 가족이 모여서 식사를 합니다. 아빠가 대표해서 기도를 했습니다.
"하나님 아버지, 맛있는 밥을 주셔서 감사합니다. 우리 온 가족이 하나님을 잘 섬기게 해 주세요. 예수님의 이름으로 기도했습니다. 아멘"
일곱 살짜리 주원이가 기도가 끝나기가 무섭게 외칩니다.
"아빠! 예원이가 기도할 때 눈떴어요!"

* 남의 단점을 발견하는 것은 쉬운 일입니다. 누구나 쉽게 남의 잘못을 발견하고 지적합니다. 하지만 다른 이들의 잘못을 지적할 때 자신의 잘못도 드러나게 된다는 것을 기억해야 합니다.
남의 잘못을 쉽게 발견하고 판단하는 것은 태어날 때부터 형성된 것입니다. 그것은 선악과의 후유증이며 타락의 결과입니다.
누구나 쉽게 남의 잘못을 발견하고 판단합니다. 이 사람은 이것이 잘못되었으며 저 사람은 저것이 잘못되었다고 누구나 쉽게 말합니다. 하지만 그러한 비판과 판단은 결코 마음에 평화를 주지 못하며 좋은 열매를 맺지 못합니다.
판단하면 할수록 마음에 기쁨이 사라지며 어둡고 우울해지게 됩니다.
오늘날 남의 잘못을 수시로 지적하며 흥분하는 이들은 많이 있지만 다른 이들의 문제와 잘못에 대하여 짐을 지고 중보하는 이들은 많지 않습니다.
오늘날 판단하는 눈, 예리한 눈들이 많아서 세상이 피곤합니다. 그러나 주님의 은혜가 임할 때 우리의 눈은 변화될 것입니다. 우리는 주님의 시선으로 사람을 보게 될 것이며 그리하여 사랑의 눈, 긍휼과 자비가 가득한 눈으로 치유와 회복과 기쁨의 도구가 될 수 있을 것입니다.

비판을 받지 아니하려거든 비판하지 말라 너희의 비판하는 그 비판으로 너희가 비판을 받을 것이요 너희의 헤아리는 그 헤아림으로 너희가 헤아림을 받을 것이니라 (마 7:1, 2)

12. 두려움이 가져다주는 것

한 농부가 어떤 마을을 향해서 마차를 몰고 가고 있었습니다. 그런데 가고 있는 길가에 얼굴을 천으로 가린 어떤 노파가 서 있는 것을 보았습니다.
그녀는 마차에 태워 줄 것을 요청했는데, 마침 그 농부가 가려던 마을과 목적지가 같았습니다.
그녀를 태우고 가던 중 농부는 어쩐지 그녀가 사람이 아닌 것 같은 생각이 들었습니다.
그녀는 행색도 수상했고 그녀가 마차에 타고 난 후 이상하게 오싹하는 느낌이 들었던 것입니다.

농부는 조심스럽게 물었습니다.
"저, 실례지만 당신은 누구십니까?"
그녀는 대답했습니다.
"나는 페스트입니다."
농부는 떨기 시작했습니다. 그러나 그는 두려움을 꾹 참고 그녀에게 이야기했습니다.
"그렇다면 여기서 내려주십시오. 당신이 가면 그 마을에는 온통 죽음이 가득하게 될 것입니다."

그녀는 머리를 조아리며 부탁을 했습니다.
"좀 태워주세요. 대신에 그 마을에서는 5명에게만 병을 옮기겠습니다."
농부는 할 수 없이 그녀와 굳게 약속을 하고 계속 마차를 몰았습니다. 그런데 그 마을에 도착해 보니 이미 수많은 사람들이 죽어서 길바닥에 쓰러져 있는 것이 아닙니까!

농부는 화가 나서 그 여인에게 따져 물었습니다.
"당신은 5명에게만 병을 옮긴다고 약속하지 않았습니까? 이게 웬일입니까?"
그러나 여인은 손을 내저으며 대답했습니다.
"이 사람들은 내가 죽인 게 아닙니다. 나는 지금에서야 여기에 도착하지 않았습니까? 이 사람들은 내가 온다는 소문만 듣고 놀라서 스스로 죽은 것입니다."

* 두려움이 주는 피해는 두려움을 일으키는 사실 자체가 주는 피해보다 훨씬 큰 것입니다.
어떠한 고통이나 위험이라도 두려워하지 않는 자에게는 별로 해를 끼칠 수 없습니다. 그러나 쉽게 두려워하고 근심하는 자에게는 사소한 것이라도 치명적인 위해를 가할 수가 있는 것입니다.

두려움을 이기는 평안을 우리는 어디서 얻을 수 있을 까요? 그것은 오직 그리스도 예수 안에서만 가능한 것입니다. 주님만이 우리의 연약한 심령을 강건하고 담대하게 만들어 주실 수 있습니다.

평안을 **너희**에게 끼치노니 곧 나의 평안을 **너희**에게 주노라 내가 **너희**에게 주는 것은 세상이 주는 것과 같지 아니하니라 **너희**는 마음에 근심하지도 말고 두려워하지도 말라 (요 14:27)

13. 단순함의 능력

어떤 유명한 철학박사인 교수님이 교회를 나가게 되었습니다. 그를 본 목사님은 그 교수님의 수준에 맞는 깊이 있는 설교를 해야겠다고 생각했습니다.
그는 열심히 철학 책을 읽으며 유명한 사람들의 말을 인용하면서 수준 높은 설교를 준비하려고 애를 썼습니다.

어느 날 예배가 끝나고 그 교수님이 목사님을 찾아왔습니다. 그리고 말했습니다.
"목사님, 그런 이야기는 저도 잘 압니다. 저는 그런 것들을 배우려고 여기에 온 것이 아닙니다. 저는 예수를 알고 싶어서 교회에 온 것입니다. 예수님의 복음에 대한 이야기를 들려주십시오."

* 기독교의 능력은 단순함에 있습니다.
기독교는 복잡한 이론이 아닙니다.
기독교는 단순하지만 살아있는 생명이 충만한 것입니다.
복잡하게 믿지 마십시오. 기독교는 예수를 아는 것입니다.

그 분을 만나는 것입니다. 그 분과 사랑에 빠지는 것입니다. 예수를 만난 이들에게 있어서 그 분은 생생하게 살아있는 실재입니다. 그 분은 가까이 계십니다. 우리 안에 계십니다.
속이 상할 때, 마음이 아플 때, 외롭고 혼자라고 느껴질 때 마음속으로 주의 이름을 불러 보십시오.
"오, 주님. 나의 사랑하는 주님…"
당신은 주님께서 바로 곁에 계시는 것을 알게 될 것입니다. 주님의 포근하고 풍성한 실체가 당신을 두르고 있는 것을 알게 될 것입니다.
당신은 결코 혼자 있지 않다는 것을 깨닫게 될 것입니다. 당신은 곧 행복해지게 될 것입니다. 아주 간단하지 않습니까? 이것이 기독교입니다.

내 안에 거하라 나도 너희 안에 거하리라 가지가 포도나무에 붙어있지 아니하면 스스로 열매를 맺을 수 없음 같이 너희도 내 안에 있지 아니하면 그러하리라 (요 15:4)

14. 잠자는 영혼

어떤 사람이 물에 빠져서 죽게 되었습니다. 그는 수영을 할 줄 몰라서 그냥 허우적거리고만 있었습니다.
지나가던 사람이 이 광경을 보고 얼른 근처에서 밧줄을 구하여 던졌습니다. 그리고는 외쳤습니다.
"빨리 밧줄을 잡고 나오시오!"
그러나 물에 빠진 사람은 이를 거절했습니다.
"밧줄이 마음에 들지 않아요. 다른 것으로 던져 주시오."

지나가던 사람은 어처구니가 없었지만 할 수 없이 다른 새 밧줄을 구하여 던졌습니다. 그러나 이번에는
"당신, 던지는 태도가 마음에 들지 않아요. 좀 더 공손하게 던지시오."
하는 것이었습니다.
그 사람이 다시 공손하게 던지자 이번에는
"지금은 싫소. 기분이 나지 않아요. 이따가 저녁에 다시 던지시오. 그 때가서 다시 생각해 보겠소."
하고 대답했습니다. 그러는 사이에 그 사람은 결국 물에 빠져 죽고 말았습니다.

* 위기에 빠져있는 사람이 도움을 거절한다면 그것은 진정 어리석은 일일 것입니다. 하지만 오늘날 이러한 일은 흔히 일어나고 있습니다. 많은 이들이 영적인 조언과 권면을 거절하고 거부합니다.

그 이유는 무엇일까요? 그것은 그들이 자기 자신의 상태에 대해서 무지하기 때문입니다.

오늘날 얼마나 많은 영혼들이 자기 영의 비참한 상태를 알지 못하고 있는지요! 피상적인 지식과 피상적인 신앙으로 만족하여 자기 영혼의 어두운 상태를 깨닫지 못하고 있는 이들은 아주 많이 있습니다. 이들의 영혼은 결코 안전하지 않습니다.

부디 잠에서 깨어나십시오. 눈을 뜨고 일어나십시오. 당신의 영적 상태에 대하여 자만하지 마십시오. 당신의 내면을 돌아보십시오.

하나님의 음성에, 내면의 음성에 귀를 기울이십시오. 주님은 항상 우리에게 구원과 도움의 손길을 허락하십니다.

우리가 깨어서 그것을 받아들일 때 우리 영혼은 새롭게 될 것이며 주님과 천국을 향해 좀 더 가까이 나아가게 될 것입니다.

자는 자여 어찌함이냐 일어나서 네 하나님께 구하라 혹시 하나님이 우리를 생각하사 망하지 아니하게 하시리라 (욘 1:6)

15. 따뜻해진 방바닥

이지적이고 냉철한 신학생이 있었습니다. 그는 체험을 중시하는 신앙은 감정적이고, 신비적이며 기복적인 유치한 형태의 신앙이라고 항상 생각했습니다.
그가 어느 산골의 작은 집에 하룻밤을 묵게 되었습니다. 그 집에는 믿음이 신실한 할머니 한 분이 혼자 사셨는데, 마침 몸이 아파서 누워 계시던 중이었습니다.

방은 차갑고, 마침 땔감도 없어서 할머니는 기도하기 시작했습니다.
"하나님 아버지, 방바닥이 차갑습니다. 빨리 따뜻하게 해 주세요."
신학생은 어처구니가 없었습니다. 나무도 없고, 불도 없는데 방이 따뜻해질 리가 있겠습니까? 그는 이 무식한 할머니의 믿음이 너무나 어리석게 보였습니다.

그런데 얼마의 시간이 지난 후 정말 방바닥이 따뜻해지는 것이 아닙니까! 아무리 눈을 씻고 봐도 나무나 불기운은 없는데 온돌은 따뜻하기만 했습니다.

신학생은 많은 충격을 받았습니다. 이 사건으로 인하여 그의 믿음은 이제 새로운 차원으로 들어가게 되었던 것입니다.

* 하나님은 살아 계십니다. 그분은 믿고 구하는 모든 이들에게 응답하시는 분이십니다.
무식하게 믿는 자는 무식하게, 유식하게 믿는 자에게는 유식하게, 단순한 믿음을 가진 자에게는 단순하게, 섬세하고 깊이 믿는 자에게는 그러한 모양으로 하나님은 역사하십니다. 그러므로 그분을 제한하지 마십시오. 그분은 우리의 상식과 지식과 취향과 논리를 초월하시는 분이십니다. 당신이 진정 사모한다면 그분은 방바닥이 아니라 당신의 심령도 불꽃처럼 활활 타오르게 하실 것입니다.

딸아 네 믿음이 너를 구원하였으니 평안히 가라
네 병에서 놓여 건강할지어다 (막 5:34)

16. 선물을 받을 수 있는 수준

신학대학원 시절, 학교를 마치고 집을 향해 오고 있다가 길에서 재미있는 장난감을 파는 것을 보았습니다.
자녀를 키우는 아빠가 된 이후에는 이러한 모습을 보고 그냥 지나치는 것이 쉽지 않습니다.
건전지를 넣으면 경쾌한 소리와 함께 스스로 전후좌우로 움직이는 자동차.. 이놈들이 이 자동차를 보고 기뻐하며 뛰놀 생각을 하니 마음이 흐뭇해져서 과감하게 결단하여 한 개를 샀습니다.

예상대로 너무나 기뻐하는 녀석들, 그리고 아빠 됨의 감격, 기쁨..아, 그러나 행복은 오래가지 않았습니다.
'오빠, 나 먼저 놀 거야!', '안 돼, 나 먼저야.', '너무 오래 놀았잖아!', '그것 잡지 마', '싫어', '앙앙!', '으앙!'
결국 자동차는 망가지고, 두 놈은 싸우다가 울고, 결국 다 무릎 꿇고 손들고 벌서는 것으로 상황은 끝이 났습니다.
사랑의 선물 때문에 가정의 평화만 깨지고 만 것입니다. 아, 선물을 사오지 않았으면, 이 전쟁이 없었는데.. 자동차를 사온 것이 후회가 되었습니다.

* 하나님께 복을 너무 열심히 구하지 마십시오. 굳이 그렇게 안 해도 주고 싶어 안달을 하는 것이 아버지의 마음입니다. 선물을 받을 수 있는, 누릴 수 있는 수준으로 성숙하고 자라 가십시오.

선물보다 그 선물을 주시는 이를 인하여 감사하고 누리십시오. 우리의 소원은 이루어지기전까지는 대단하게 보이지만 막상 이루어지고 나면 별것이 아닙니다. 진정한 기쁨과 만족은 오직 주님 자신으로 인하여 옵니다.

너희가 악할지라도 좋은 것을 자식에게 줄 줄 알거든 하물며 너희 하늘 아버지께서 구하는 자에게 성령을 주시지 않겠느냐 하시니라 (눅 11:13)

# 17. 예배는 어떤 예식인가?

교회는 어린 양의 신부라고 열심히 강론하고 계시던 목사님께서 성도들에게 엄숙하게 질문을 했습니다.
"여러분! 예배는 하나의 거룩한 예식입니다. 여러분은 예배가 어떤 예식과 같다고 생각하십니까?"
목사님은 '결혼식' 이라는 답이 나오기를 기대하고 있었습니다.
그러나 목사님이 예상하고 있는 대답은 빨리 나오지 않았고, 장내에는 죽음과 같은 적막이 흐르고 있었습니다.

교회에 나온 지 얼마 되지 않은 초신자가 있었는데, 그는 이 문제가 몹시 쉬운 것이라고 생각했습니다.
목사님이 입고 있는 시커먼 가운, 그리고 이 굳어 있는 표정들, 엄숙하고 숨 막히는 분위기.. 그는 확신을 가지고 주저 없이 외쳤습니다.
"장례식입니다!"

장내에는 폭소가 터졌습니다. 처음으로 예배는 장례식을 면하게 되었습니다.

* 예배는 장례식이 아닙니다. 그것은 결혼식입니다. 그것은 축제와 같은 것입니다.

그 곳에는 신부의 아름다움도, 신랑의 쾌활함도, 하객들의 축하도 만발하며, 멋진 교제와 맛있는 음식을 기대할 수 있는 축제의 장소입니다.

우리의 예배는 어둡고, 무겁고, 경직된 분위기에서 벗어나야 합니다. 주님은 우리를 구속하셨고, 부활하셨습니다. 그러므로 예배는 주님과 함께 누리는 즐거운 축제입니다.

예배 가운데 주의 영이 임하실 때 그것은 정말 아름답고 놀라운 축제가 될 것입니다.

여호와께 구속 받은 자들이 돌아와 노래하며 시온으로 돌아오니 영원한 기쁨이 그들의 머리 위에 있고 슬픔과 탄식이 달아나리이다 (사51:11)

18. 믿음과 사랑의 싸움

전철역에서 전철을 기다리고 있는데, 어떤 아주머니가 열심히 전도를 시작했습니다.
"여러분, 예수를 믿으세요. 믿지 않으면 지옥 갑니다. 지옥! 지옥! 지옥!"

그 기세가 하도 사나워서 감히 아무도 눈을 마주치지 않고 있는데, 웬 아주머니가 나섰습니다.
"여보세요! 나도 예수 믿는 사람인데, 그 따위로 전도하지 마세요. 기독교는 사랑이야! 그런 식으로 하지마!"

기습을 당한 아주머니도 그리 만만치는 않았습니다.
"무슨 소리 하고 있어! 기독교는 믿음이야! 믿음이 없으면 지옥에 가!"

두 사람은 한참동안 서로 삿대질을 하면서 서로 '믿음이야!', '사랑이야!' 하면서 싸웠습니다.
둘러서 있는 사람들은 아무 말 없이 쓴 웃음만 짓고 있었습니다.

* 믿음과 사랑은 서로 대립하는 것이 아닙니다. 그것은 서로를 보완해주며 온전케 하는 것입니다.
사람들을 정죄하는 것이 믿음이 아니며 그러한 행위를 공격하는 것이 사랑이 아닙니다.
믿음 안에 사랑의 행함이 있으며 사랑 안에 믿음이 포함되어 있는 것입니다.

기독교는 이론이 아닙니다. 그것은 삶의 형태입니다. 사랑에 대하여 웅변을 하는 것보다 목마른 사람에게 물 한잔 떠주는 것이 더 아름다우며 믿음을 가르치고 설명하는 것보다 실제적인 믿음을 보여주는 것이 더 좋은 것입니다.
기독교의 실제를 가지고 있는 사람은 조용한 미소와 같은 작은 행위를 통해서도 믿음과 사랑의 실제를 보여줄 수 있을 것입니다.

내 형제들아 만일 사람이 믿음이 있노라 하고 행함이 없으면 무슨 유익이 있으리요 그 믿음이 능히 자기를 구원하겠느냐 (약 2:14)

19. 실천적인 무신론자

어떤 그리스도인이 탈세를 하다가 적발되어 감옥에 가게 되었습니다. 갑작스러운 감사에 이중장부를 통한 수입이 들통이 나 버린 것입니다.
그가 감옥에서 가만히 생각해 보니 자기가 주님을 위해서 한 일이 너무 없다는 것을 깨달았습니다. 그래서 그는 감방 안에 있는 다른 사람에게 복음을 전하기로 하였습니다.

"여보시오. 당신은 하나님을 믿습니까?"
그는 말을 걸었습니다. 그러나 상대방은 고개를 저었습니다.
"하나님? 나는 관심이 없소. 나는 무신론자요."
이번에는 상대방이 질문을 했습니다.
"당신은 믿는 사람인데 왜 여기에 들어오셨소?"
그리스도인은 좀 창피하기는 했지만 솔직하게 대답을 했습니다.
"탈세를 했는데, 그만 들켜 버렸소."
그러자 상대는 빈정거리듯이 말했습니다.
"그래요? 그렇다면 당신도 나와 같이 무신론자군요.

나는 그것을 입으로 고백하고 당신은 행동으로 고백하오. 당신은 실천적인 무신론자요."

* 우리들은 얼마나 많은 순간에 실천적인 무신론자가 되는지요! 얼마나 많은 순간에 마치 하나님이 계시지 않는 듯이, 그가 우리를 보시지 않는 듯이, 그 분이 우리를 보호하시거나 인도하시지 않는 듯이 생각하고 행동하고 있는지요!
우리들은 얼마나 자신의 입술의 고백에 속고 있는지요! 감정적인 흥분에 속아 넘어 가고 있는지요!

믿음이란 곧 삶입니다. 그것은 예배를 드리는 순간에만 필요한 것이 아닙니다.
우리는 모든 순간에 하나님을 의식해야 합니다. 항상 하나님의 임재 앞에서 살아가야 합니다. 그렇게 할 때 우리의 삶은 좀 더 달라 질 수 있을 것입니다.

너희는 말씀을 행하는 자가 되고 듣기만 하여 자신을 속이는 자가 되지 말라 (약 1:22)

20. 하루 8시간의 기도 생활

어떤 그리스도인이 많은 기도 생활을 통하여 영적인, 승리하는 삶을 살기로 작정을 했습니다.
그는 날마다 기도하고 또 기도했습니다. 처음에는 잡념만 떠오르고 기도가 잘 되지 않았습니다. 한참 기도한 것 같은데, 시간은 불과 5분이 지나갔을 뿐이었습니다.

그러나 그는 낙심하지 않고 계속 노력을 했습니다. 30분, 1시간.. 차츰 그의 기도 시간은 길어졌습니다. 2시간, 3시간.. 그의 기도 시간이 늘어나자 그는 다양한 체험을 하게 되었습니다.
그는 환상을 보기도 하고 주님의 음성을 듣기도 하였습니다. 성경 말씀이 떠오르기도 했으며 깊은 황홀경을 맛보기도 하였습니다.

그는 너무나 자랑스러웠습니다. 그는 차츰 기도 시간이 기다려졌고, 나중에는 하루에 무려 8시간을 기도할 수 있게 되었습니다.
그는 만나는 사람마다 은근히 간증 내지는 자랑을 했습니다.

기도의 체험, 기도의 맛, 그 황홀경, 주님과의 대화... 만나는 사람들마다 입을 딱 벌리며 그를 부러워하고 칭찬해 주었습니다.
어느 날 그는 조용한 한 그리스도인을 만나게 되었습니다. 그에게서 부드러운 주님의 임재와 따뜻함을 느낄 수 있었기 때문에 그는 '아, 이 사람은 주님을 몹시 사랑하는 사람이구나' 하고 느꼈습니다. 그래서 그는 상대방에게 영적인 감동을 주기 위하여 다시 말을 꺼냈습니다.
"저, 저는 날마다 하루에 8시간 동안 기도를 하는 데요.."
예상했던 대로 상대방은 놀라는 눈치였습니다.
"정말이세요? 그렇다면 나머지 16시간은 기도를 하지 않고 사신다는 말입니까?"

* 기도는 주님과의 대화이며 만남입니다. 그것은 구체적인 시간에, 구체적인 장소에서 드려지는 골방기도와 모든 생활 속에서 드려지는 삶 속의 기도로 나눌 수 있습니다.
골방기도는 필요하고, 또 중요하지만 그러나 모든 그리스도인이 골방기도에만 익숙하고 삶 속의 기도에 익숙하지 않다면 그는 진정한 승리의 삶을 살기가 어려울 것입니다.
그는 기도할 때는 충만감을 느끼지만 기도의 방을 나온 후에는 다시 영적 에너지가 고갈된 것을 느끼게 됩니다. 그는 다시 주님께 돌아가야 하며 그렇게 계속 나오고 들어가고를 반복해야 할 것입니다.

골방기도와 삶의 기도는 둘 다 필요합니다. 그것은 어느 것이 더 중요하다고 말할 수 있는 것이 아닙니다.

삶의 기도는 골방 기도에 기초합니다. 그러나 오직 골방기도만으로 만족한다면 주님의 은혜와 그 풍성함을 제한하게 될 것입니다.

그리스도인들이 삶과 인격의 구체적인 변화와 성숙을 위해서는 삶 속의 기도에 익숙해져야 하며 하루 종일 하나님의 임재 속에서 생활하는 것을 훈련해야 합니다.

하나님의 임재 연습으로 유명한 로렌스 형제는 하루 종일 주방에서 일을 하는 형제였지만, 그의 기도 생활은 풍성했습니다. 그는 기도할 때도 하나님의 임재를 느꼈고, 주방 일을 할 때도 여전히 하나님의 임재를 맛보았습니다. 그에게 있어서 주방 일은 기도이며, 예배이며, 성례였습니다.

우리는 시간을 내어서 기도해야 하지만 또한 날마다 주님의 임재 속에서 사는 것을 훈련해야 합니다. 그렇게 할 때 우리는 진정한 기도의 사람, 승리의 사람이 될 수 있는 것입니다.

모든 기도와 간구를 하되 항상 성령 안에서 기도하고 이를 위하여 깨어 구하기를 항상 힘쓰며.. (엡 6:18)

21. 제사장의 역할

제사장이 번제를 드리기 위하여 한 어린 양을 붙잡았습니다. 이 어린 양은 몹시 귀엽고, 또 사랑스러운 초롱초롱한 눈망울을 가지고 있었습니다. 어린 양은 몹시도 애처로운 눈으로 눈물을 뚝뚝 떨어뜨리며 사정을 했습니다.
"제사장님, 제발 부탁이에요. 한번만 살려 주세요, 네? 제발 저를 엄마에게서 떼어놓지 마세요. 다른 것은 다 하라는 대로 할 테니까 제발 목숨만 살려 주세요."

제사장은 한숨을 쉬었습니다.
"미안하구나, 어린양아! 너를 죽이는 것이 나의 직업이란다. 그리고 나는 네가 하는 어떤 일도 필요하지 않고 오직 너의 목숨, 너의 몸이 필요하단다."

* 오늘날에도 어린 그리스도인들을 통하여 얼마나 많은 이런 식의 기도가 드려지고 있는지요! 주님, 한 번만 살려 주세요. 제발. 헌금도 많이 낼게요. 뭐든지 할게요. 제발, 이번만 좀 봐 주세요.

주님은 우리 옛사람의 생명을 죽이시려고 하지만 우리는 살고 싶어서 발버둥을 칩니다. 우리는 살아남기 위하여, 우리 옛 사람의 소원을 관철시키기 위하여 주님께 매달립니다. 그러나 그리스도인이 자기의 옛 생명, 자기의 육적 소원을 포기하지 않는 한 그는 주님의 생명, 영광의 생명을 얻을 수 없습니다.

유감스럽게도 오늘날의 많은 그리스도인들이 이 두 가지를 다 얻으려고 합니다. 그것이 바로 문제의 씨앗이 되는 것입니다. 그리스도인은 자신을 다루시는 주님의 손에 완전히 굴복되고 포기될 때까지 이 세상에서 평안을 누릴 수 없습니다.

우리 살아 있는 자가 항상 예수를 위하여 죽음에 넘겨짐은 예수의 생명이 또한 우리 죽을 육체에 나타나게 하려 함이라 (고후 4:11)

22. 물고기의 최후

물고기가 있었습니다. 그녀는 많은 귀여운 새끼들을 거느리고 있는 아름답고 성숙한 엄마였습니다. 이 물고기가 어느 날 산보를 나갔다가 불행하게도 그만 그물에 걸려서 잡히고 말았습니다.
그물 속에서 다른 많은 물고기들과 함께 파닥거리면서 그녀는 너무도 억울해서 두 눈을 감을 수가 없었습니다.
'내 삶이 이렇게도 허무하게 끝나는가? 아, 우리 남편, 그리고 귀여운 나의 아기들은 어떻게 되는 거지?'
드디어 그녀의 숨은 끊어지고 그녀의 영혼은 물고기의 몸에서 빠져 나왔습니다.

물고기의 영혼은 그녀의 육체에 대하여 미련을 떨쳐 버릴 수가 없었습니다. 내 몸은 어떻게 되는 걸까? 영혼은 자기의 시체의 최후를 보기 위하여 따라가 보기로 결심하였습니다.
물고기는 여러 경로를 거쳐 어떤 가정에 팔렸습니다. 그리고는 어떤 아줌마의 손에 의해서 조리되어 끓는 냄비 속으로 들어갔습니다.
'저런, 끔찍해라.' 물고기의 영혼은 눈을 꼭 감았습니다.

행복한 저녁시간이 되었습니다. 아빠와 엄마, 그리고 꼬마 아이들이 식탁에 둘러앉았습니다. 그들은 손을 모으고 감사 기도를 하더니 식사를 시작하였습니다.
"엄마, 이 찌개가 너무나 맛이 있어요!"
꼬마들이 소리쳤습니다.
"그래, 싱싱하고 영양가도 많단다. 많이 먹어라." 엄마가 대답했습니다.
아빠도 한마디 거들었습니다.
"국물 맛이 끝내 주는군. 역시 당신 음식 솜씨는 최고야."

웃음꽃이 피었고, 드디어 물고기의 몸은 지상에서 사라졌습니다.
그러나 사실 그 물고기는 사라진 것이 아니었습니다. 그는 사람의 몸속에 들어갔고, 사람의 한 부분을 구성하게 되었고, 사람으로서 계속 살아가게 되었습니다.

물고기는 그곳을 떠났습니다. 처음의 원통한 마음은 사라지고, 그는 이제 아주 가볍고 즐거운 마음이 되었습니다. 그녀는 생각했습니다.
"기회가 주어진다면, 나는 내 새끼들한테, 나의 동족에게 이야기 할 거야. '얘들아, 죽음을 두려워하지 말아라. 그것은 끝이 아니란다.

죽음으로써 우리는 사람이 될 수 있고, 더욱더 풍성한 생명을 누릴 수 있게 된단다.' 라고 말이야."

* 자아의 생명을 버리는 것은 그 자체에 목적이 있는 것이 아닙니다. 더욱 큰 생명을 얻기 위함입니다. 벌레가 허물을 벗은 후 드디어 날개를 얻고 날아갈 수 있을 때 그는 더 이상 허물을 아까워하지 않습니다. 원래의 생명보다 더욱 차원이 높은 생명을 얻었기 때문입니다.
그런 의미에서 그리스도인에게 있어서 자아포기와 죽음은 큰 행복입니다. 이를 통해서 우리는 무한하고 풍성하신 주님의 생명을 얻게 되는 것입니다.

그러므로 우리가 낙심하지 아니하노니 우리의 겉사람은 낡아지나 우리의 속사람은 날로 새로워지도다 (고후 4:16)

23. 찬양의 중심

주원이는 초등학교 4학년입니다. 이 아이는 주일 학교에 다니며 예수님을 매우 사랑합니다. 주원이는 어린이 성가대에서 봉사하고 있었습니다.
그런데 어느 날, 박자가 몹시 어려운 곡을 성가대에서 부르게 되었습니다. 주원이는 그만 박자를 잊어버렸습니다. 그래서 모두가 조용히 하고 있을 때 혼자서 '찬양!' 하고 큰 소리로 먼저 시작을 해 버렸습니다.
경건한 예배가 웃음 바다가 되었습니다. 주원이는 너무나 창피해서 눈물이 나올 지경이었습니다. 주원이는 자기가 예배를 망쳐 버렸다고 생각했습니다.

그 날 밤, 주원이는 꿈을 꾸었습니다. 꿈속에서 예수님이 나타나셔서 빙긋이 웃으시며 말씀하셨습니다.
"사랑하는 주원아! 나는 너의 찬양을 참으로 기뻐한단다."

* 찬양의 중심은 무엇입니까?
그것은 진실한 사랑의 마음으로 주님을 높이는 것입니다.

어린아이처럼 순수한 마음으로 주님께 대한 사랑을 고백하는 것입니다. 찬양에는 음악의 요소가 있습니다. 그러나 음악보다 중요한 것은 마음과 심령의 요소입니다.
정교한 음악보다 중요한 것은 주를 사랑하고 사모하는 순수한 심령입니다.

오늘날 많은 이들은 찬양의 즐거움을 찾아다닙니다.
찬양에는 감동이 있고 기쁨이 있고 황홀함이 있습니다.
눈물이 있고 희열이 있으며 감격이 있습니다.
그러나 우리는 찬양을 통한 감격과 흥분보다 주님 자신을 더욱 더 사랑해야 하며 추구해야 합니다. 그렇게 할 때 우리는 진정한 찬양에 좀 더 가까워지게 될 것입니다.

예수께 말하되 그들이 하는 말을 듣느냐 예수께서 이르시되 그렇다 어린 아기와 젖먹이들의 입에서 나오는 찬미를 온전하게 하셨나이다 함을 너희가 읽어 본 일이 없느냐 하시고 (마 21:16)

24. 딱 한 가지 소원

한 남자 대학생이 같은 학교에 다니는 여학생에게 완전히 반해 버렸습니다. 그는 그녀의 환심을 사기 위해 부지런히 쫓아다녔습니다. 그러나 그녀는 전혀 반응이 없었을 뿐 아니라, 그를 너무나 싫어했습니다.

남학생은 포기하지 않고 계속 선물 공세를 했고, 집에까지 따라가기도 했으며 심지어 그녀의 집 바깥에 서서 밤을 새기도 했습니다. 어느 날, 그는 다시금 용기를 내어 그녀를 만났습니다. 그녀에게 장미꽃 100송이를 전하면서 그는 비장한 태도로 물었습니다.

"도대체, 네가 원하는 게 뭐니? 말만 해봐. 뭐든지 다 들어줄게."

그녀는 눈을 반짝이면서 대답했습니다.

"정말이니? 딱 한 가지 소원이 있는데 정말 들어줄래?"

남자는 가슴이 뿌듯해졌습니다.

"그럼, 정말이고 말고, 무엇이든지 얘기만 해봐."

그녀는 아주 단호하게 말했습니다.

"정말 딱 한 가지 소원이 있어. 네 얼굴을 더 이상 보지 않는 게 내 소원이야."

* 많은 그리스도인들이 주님을 기쁘시게 하기 위해 열심히 일하고 노력을 합니다. 그러나 중요한 것은 그 사람이 무엇을 하느냐가 아니라 그 사람이 주님께 속한 사람인가 하는 것입니다.
중요한 것은 행위 자체가 아닙니다. 중요한 것은 우리 자신입니다. 우리가 어떤 사람인가 하는 것입니다.
우리는 사랑하지 않는 사람의 100송이 장미꽃보다 우리가 진정 사랑하는 사람의 한 송이의 장미꽃을 훨씬 더 기뻐할 것입니다. *

우리는 주님을 위해서 많은 일을 하려고 하는 것보다 주님이 기뻐하시는 사람이 되어야 합니다. 우리가 많은 일을 하는 것보다 주님이 우리를 통해서 역사하실 수 있는 사람이 되어야 합니다.
열정보다 행위보다 더 중요한 것은 생명 자체이며 우리 자신의 사람됨입니다. 그러므로 우리는 주님을 위해서 무엇을 하는 것 이전에 먼저 주님께 속한 사람이 되어야 하는 것입니다.

내가 여호와께 바라는 한 가지 일 그것을 구하리니 곧 내가 내 평생에 여호와의 집에 살면서 여호와의 아름다움을 바라보며 그의 성전에서 사모하는 그것이라 (시 27:4)

25. 세 나무 이야기

어느 높은 산에 아름답고 튼튼한 세 그루의 나무가 살았습니다. 이 세 그루의 나무들은 서로 친한 친구였으며 서로의 꿈에 대해서 즐거이 이야기를 나누곤 하였습니다.
모든 나무들의 꿈은 사람들에게 봉사하는 것입니다. 그런데 이 나무들은 특별히 왕에게 봉사하기를 원했습니다. 왕을 섬기고 싶어 했습니다. 왕의 소유가 되고 싶어 했습니다.

"나의 소원은.. "
첫 번째 나무가 말했습니다.
"왕의 침대가 되는 것이야. 하루 종일 일하시고 피곤하신 왕을 모시고 편하게 쉬실 수 있도록 나는 침대가 되고 싶어."
두 번째 나무가 말했습니다.
"나도 왕을 섬기고 싶어. 나는 멋진 의자가 될 거야. 그래서 왕이 집무를 행하시거나 일하실 때 내게 앉아서 행하셨으면 좋겠어."
세 번째 나무도 말하였습니다.
"나도 역시 왕의 소유가 되는 것이 꿈이야. 하지만 내 꿈은 너희들과 약간 달라."

두 번째 나무가 물었습니다.
"뭐가 우리하고 다르지?"
세 번째 나무가 대답했습니다.
"나는 정말 마음을 다해서 왕을 섬기고 사랑하고 싶어. 나는 단순히 왕을 섬기는 것이 아니라 그분이 가장 힘들고 고통스러울 때도 옆에 있어서 그분의 위로가 되고 싶어. 할 수만 있다면 그분의 목숨이 다하는 순간까지 곁에서 그분을 지켜주고 싶어.."
첫째, 둘째 나무는 부드러운 미소를 지으며 그에게 말했습니다.
"그래, 네 꿈은 이루어지게 될 거야."

많은 세월이 흘렀고 세 나무는 차례로 벌목되어 팔려 나갔습니다.
첫 번째 나무는 아주 작게 판자같이 잘려졌습니다. 그리고 동물의 구유로 만들어졌습니다.
두 번째 나무는 좀 더 긴 조각으로 잘려졌습니다. 그리고 작은 고기 잡는 배로 만들어졌습니다.
세 번째 나무는 큰 두개의 나무로 베어졌습니다. 그리고 그는 오랫동안 숲에 방치되어 있었습니다.
세 나무들은 모두 깊이 실망했고 상처를 받았습니다. 그들은 모두 자신들의 꿈이 이루어지지 않았다고 생각했습니다.

첫 번째 나무는 왕의 침대는 고사하고 날마다 동물의 냄새가 나는 먹이와 동물의 더러운 주둥이의 악취 때문에 몸서리를 쳤습니다.

그러던 어느 날 밤, 그의 구유는 마침 비어 있었습니다. 그리고 그는 이상한 어떤 아기가 그 구유 위에 눕혀진 것을 알게 되었습니다.

그리고 여러 명의 목자들이 찾아오고, 먼 곳의 박사들이 찾아와 경배하고, 어떤 신비한 별빛이 그 구유 위에 누워있는 아기에게 비추어지는 것을 보았습니다.

첫 번째 나무는 이상하게 행복한 기분이 들면서 마음이 따뜻해지는 것을 느끼게 되었습니다. 그리고 그는 갑자기 그의 꿈이 이루어진 것을 알았습니다.

그는 진정 왕의 침대가 되어 만왕의 왕으로서 세상에 오신 그 아기에게 잠자리를 제공하게 된 것이었습니다. 모든 사람들이 이 왕에게 누울 곳을 거절하였을 때, 그는 초라한 모습이나마 자기를 드려 왕을 섬겼던 것이었습니다.

두 번째 나무는 고기잡이배가 되어 날마다 냄새나고 더러운 죽은 생선들로 인해서 코가 썩을 지경이었습니다. 그 역시 모든 꿈을 포기하고 체념한 삶을 살았습니다. 이런 더러운 몸으로 어떻게 왕에게 쓰이기를 기대하겠습니까?

그러던 어느 날, 그는 어떤 신기한 손님을 맞이하게 되었습니다. 그분은 매우 남루한 옷차림을 하고 있었으나 다른 고기잡이 어부들과는 뭔지 모르게 달랐습니다.
그분은 배 위에 앉아서 말씀을 가르치고 계셨습니다. 많은 사람들이 그의 말씀을 경청하였으며 나무는 이상하게도 마음이 평안해지는 것을 느꼈습니다.
어느 날, 바람이 몹시 심하게 불고 파도가 요동치던 날이었습니다. 그것은 한 번도 전에 경험한 적이 없는 엄청난 파도였습니다.

배가 된 나무는 그 파도를 도저히 견디어 낼 수가 없었습니다. 몇 번이나 나무는 파도에 휩쓸려 공중으로 뛰어올랐다가 떨어졌습니다.
나무는 자기가 산산조각이 나는 것처럼 느껴졌고 이제는 세상을 떠날 때가 되었다고 생각했습니다.
배 안에서는 여러 명의 어부들이 이리 뛰고 저리 뛰고 하면서 배를 바로잡으려고 애쓰고 있었으나 그것은 부질없는 일이었습니다. 누가 이런 엄청난 파도를 감당할 수 있단 말입니까?
갑자기 나무는 자기의 배 안에서 전의 그 신비한 분이 주무시고 있다는 사실을 알게 되었습니다. 나무는 깜짝 놀랐습니다.
'아니, 세상에! 어떻게 이런 상황에서 잠을 잘 수가 있지? 어

쨌든 안됐구나. 저분도 함께 세상을 마치게 되었으니 말이야.'
그러나 여기서 정말 깜짝 놀랄 일이 벌어졌습니다. 그분은 일어나시더니 파도를 향하여 조용히 명령하셨고, 파도는 그 말씀에 순종하여 바다는 거짓말처럼 아주 잔잔해졌던 것입니다.
두 번째 나무도 갑자기 깨닫게 되었습니다. 저분은 온 세상을 다스리고 지배하시는 왕 중의 왕인 것을. 그리고 자신의 소망이 응답되었다는 것도 알게 되었습니다. 천상의 왕이신 그분께서 미천한 나무에게로 오셔서 그를 사용하셨고, 그 위에서 구원의 말씀을 가르치셨으며 모든 자연을 제어하시는 그분의 집무를 행하셨던 것입니다.

세 번째 나무는 깊은 산 속에서 오랫동안 버려져 있었고 아무도 그를 거들떠보지도 않았습니다. 오랜 외로움 속에서 거의 꿈을 상실해 갈 무렵, 그는 어느 날 산 위의 높은 곳으로 운반되어져 십자가의 형태로 세워지게 되었습니다. 그리고 그는 어떤 사형수를 매달게 되었습니다.
사람들은 그를 채찍으로 내리쳤으며, 그를 십자가에 못 박고 조롱했습니다. 그러나 그 사형수는 원망하지 않았고, 불평하지 않았으며, 오직 조용히 탄식하고 아파할 뿐이었습니다.
그 사형수의 몸에서 흐르는 피가 나무를 적시면서 흐를 때

세 번째 나무는 같이 울었습니다. 그리고 얼마 후 그 사형수가 숨을 거두었을 때, 나무는 자기의 꿈이 이루어진 것을 알았습니다. 그는 왕이 십자가에서 못 박힘을 통하여 그와 연합되었으며, 왕이 가장 고통스러운 순간에 왕의 제자들이 다 달아나버렸을 때 왕과 함께 있으면서 그의 흘려진 모든 피를 남김없이 흡수하였습니다.

그는 그분이 떠나시는 마지막 자리를 피투성이의 상태로 끝까지 지켰습니다. 그리하여 그는 이제 세상의 모든 사람들의 죄를 씻는 구원의 상징으로써 영원히 잊혀지지 않는 존재가 되었던 것입니다.

* 인간에게 주어진 복 중에서 주님께 소유되고 그분에게 쓰이는 것만큼 놀라운 복이 있을 수 있을까요?
세상의 가치 기준에서 별로 성공적인 것같이 보이지 않을지라도 오직 그분의 소유가 되어 그분을 위해서 드려지고 쓰이기 원하는 모든 사람을 그분은 사용하십니다. 이것이야말로 최대의 행복이며, 성공이며, 성취입니다!

시온 딸에게 이르기를 네 왕이 네게 임하나니 그는 겸손하여 나귀 곧 멍에 메는 짐승의 새끼를 탔도다 하라 하였느니라 (마 21:5)

26. 옳은 것과 사랑하는 것

탁월한 분석력과 판단력을 소유하고 있다고 자신하는 사람이 있었습니다.
그는 항상 말하기를 자신은 어떤 사람이든 한번 보기만 하면 그의 성격이나 약점들을 꿰뚫어 볼 수 있다고 하였습니다. 그리고 상대방의 이야기를 조금만 들어도 그 이야기의 맹점을 지적해 줄 수 있다고 자랑했습니다.

어떤 사람이 그의 말을 듣고 있다가 조용히 물었습니다.
"사람들을 좋아하십니까?"
그는 대답하지 못했습니다. 상대방은 또 다시 물었습니다.
"사람들이 당신을 좋아합니까?"
역시 그는 대답을 하지 못했습니다. 질문은 다시 이어졌습니다.
"행복하십니까?"
그는 역시 대답하지 못했고 그 질문은 그에게 몹시 충격을 주었습니다.

* 자신을 영리하다고 여기며 자신의 판단은 항상 옳다고 생각하는 이들이 많이 있습니다. 그러한 이들은 논쟁을 즐기며 자기의 의견을 과시하는 것을 좋아합니다.
그러나 많은 경우에 있어서 옳고 그름보다 중요한 것은 사랑이며, 관계입니다.
대부분의 사람들은 정확한 지적을 받는 것보다 이해되고 사랑을 받게 되기를 기대합니다. 어려움을 겪고 있는 이들에게 예리하고 날카로운 지적을 해주어도 그것은 그들의 고통을 증가시킬 뿐 도움이 되는 경우는 드뭅니다.

사랑은 옳은 것보다 중요합니다. 주님은 우리가 옳아서가 아니라 우리를 사랑하셨기 때문에 우리를 불쌍히 여기시고 구원하셨습니다. 그래서 우리도 그분을 사랑하는 것입니다.
우리가 다른 이들을 사랑하는 사람이라면 우리는 사람을 도울 수 있을 것입니다. 그러나 긍휼이 없는 지식과 자만을 가지고 있다면 많은 진리를 가르치고 전한다고 해도 우리는 아무에게도 아무런 도움을 줄 수 없을 것입니다.

"우리가 다 지식이 있는 줄을 아나 지식은 교만하게 하며 사랑은 덕을 세우나니 만일 누구든지 무엇을 아는 줄로 생각하면 아직도 마땅히 알 것을 알지 못하는 것이요 또 누구든지 하나님을 사랑하면 그 사람은 하나님도 알아주시느니라" (고전 8:1~3)

27. 네게 있는 것으로 주라!

어떤 목사님이 있었습니다. 그는 장례식에 참석해서 예배를 인도하고, 유족들을 위로해야 할 때가 많이 있었습니다.
그는 입관하면서 시체 앞에 서게 될 때마다, '죽은 자여, 일어나라!' 하고 외쳤습니다. 물론 속으로 외쳤습니다. 시체가 일어나 주면 좋지만 일어나지 않으면 그건 정말 망신스러운 일이었기 때문이었습니다.
그러나 수없이 많은 장례식에 참석하고, 기도했지만 한 사람의 죽은 자도 일어나지 않았습니다.

어느 날 그는 몹시 속이 상해서 주님께 항의했습니다.
"주님, 제 믿음이 부족합니까? 왜 죽은 자가 한 명도 일어나지 않습니까? 만일 그렇게 된다면 너무나 주님께 영광이 될 텐데요."
그는 자신의 마음속에서 주님께서 말씀하시는 것을 느꼈습니다.
"A목사야, 내가 언제 너에게 죽은 자를 일으키라고 명령한 적이 있느냐? 왜 내가 시키지도 않은 일을 하려고 애쓰고 있느냐?

나는 죽은 자를 일으킬 수 있는 믿음을 너에게 주지 않았다. 그러나 나는 너에게 그들을 위로하고 소망을 줄 수 있는 말씀과 그것을 가르칠 수 있는 지혜를 주었다.
너는 네게 있는 것을 나누어 주라. 너에게 없는 것을 주려고 애쓰지 마라. 그것은 너의 일이 아니다."

* 얼마나 많은 경우에 우리들은 자신의 사명보다 타인의 사명에 관심을 기울이는지요! 자신의 은사보다 타인의 은사를 부러워하는지요!
우리들은 '우리가 만일 재벌이라면 사람들을 많이 도와줄 수 있을 텐데'라고 생각합니다.
'우리가 만일 탁월한 전도자라면 많은 영혼을 구원할 수 있을 텐데' 하고 생각합니다. '우리가 만일 놀라운 신유 사역자라면 얼마나 하나님께 많이 영광을 돌릴 수 있을 것인가!' 하고 생각합니다.
그러나 주님께서는 맡기지 않은 일에 대해서 우리에게 요구하지 않으십니다. 하지만 우리에게 맡기신 일에 대해서는 그 사역의 결과를 물으실 것입니다.
우리는 우리에게 있는 것으로 섬기며 나누어 줄 수 있어야 합니다. 세상에서, 남에게 무엇인가 줄 수 없는 사람은 없습니다.

우리에게 주신 은혜대로 받은 은사가 각각 다르니 혹 예언이면 믿음의 분수대로, 혹 섬기는 일이면 섬기는 일로, 혹 가르치는 자면 가르치는 일로, 혹 위로하는 자면 위로하는 일로, 구제하는 자는 성실함으로, 다스리는 자는 부지런함으로, 긍휼을 베푸는 자는 즐거움으로 할 것이니라 (롬 12:6-8)

28. 사랑하는 것의 반대는 무엇인가?

어떤 카페에서 젊은 청년들이 대화하다가 토론이 벌어졌습니다. 그 토론의 주제는 '사랑하는 것의 반대는 무엇인가?' 하는 것이었습니다.
여러 청년들이 돌아가면서 '그것은 미움이다', '그것은 무관심이다', '아니다. 질투다' 등등의 말잔치를 벌이고 있었습니다.
그때 그들의 뒤에서 어떤 소리가 들렸습니다.
"잠깐만요, 젊은이들. 나도 그 이야기에 참여할 수 있을까요?"
청년들이 돌아보니 어떤 할머니가 그들의 대화를 듣고 있었던 듯 진지한 표정으로 옆에 서 있는 것이었습니다.

모임의 리더격인 청년이 말했습니다.
"물론이죠, 할머니. 할머니도 말씀하실 수 있어요. 자, 그러면 사랑하는 것의 반대는 무엇이죠?"
할머니는 잠시 뜸을 들이더니 말을 시작했습니다.
"사랑의 가장 큰 반대, 장애물은 소유욕, 즉 상대방을 소유하려는 것입니다."

그녀는 다시 한숨을 몰아쉬었습니다. 그러더니 말을 계속했습니다.

"나는 남편을 몹시 사랑했습니다. 적어도 나는 그렇게 생각했지요. 나는 항상 그이를 옆에 두고, 그의 관심을 나에게 두게 하려고 애를 썼습니다. 나는 그를 기쁘게 하기 위해서 맛있는 음식도 만들고, 그가 좋아하는 선물도 사고, 온갖 일을 했지요.

그리고 그의 관심이 나 외의 다른 곳에 가있으면 마구 화를 냈지요. 나는 그의 마음을 사로잡기 위해서 몹시 애를 썼습니다.

그러나 그것이 그의 자유를 구속하고 그를 질식하게 만든다는 것을 알지 못했어요. 내가 애를 쓰면 쓸수록 그는 나에게서 도망을 치기 시작했습니다. 그는 나를 사랑했지만 그러한 묶임을 견딜 수 없었던 거지요.

나는 그것을 이해할 수 없었고 결국 그는 나에게서 영원히 떠나버렸습니다. 지금 생각해보면 나는 그를 사랑했다기보다는 나 자신을 사랑했었던 것 같습니다.

나는 나의 만족을 위해서 그를 이용하고 소유하려고 했던 것이지요. 그리고 그 소유욕에서 질투와 분노가 따라서 나오기 시작했습니다.

진정한 사랑은 소유나 구속이 아닌 자유와 존중인 것을 내가 진작 알았다면 좋았을 텐데.. 지금 내가 분명히 말할 수 있는 것은 사랑하는 것의 반대는 상대방을 소유하려고 하는 것입니다."
할머니는 흐느껴 울고 있었습니다. 젊은이들은 숙연해지고 아무도 대답할 수가 없었습니다.

* 사랑을 하는 데에는 기술이 필요합니다. 지혜가 필요합니다. 영적 성숙이 또한 필요합니다.
많은 미숙한 사랑이 재앙을 낳습니다. 소유욕은 사랑을 위장한 자기만족이며 집착과 같은 것입니다.
주님께로부터 온 사랑은 상대방을 소유하려 하지 않습니다. 오직 섬기고 자신을 나누어 줄 뿐입니다. 그리고 그들이 떠날 때 자연스럽게 축복합니다.
우리의 애정이 십자가를 통과할 때 우리는 진정한 천국적인 사랑을 할 수 있으며 자유로운 사랑 가운데 살게 되는 것입니다.

사랑은 오래 참고 사랑은 온유하며 시기하지 아니하며 사랑은 자랑하지 아니하며 교만하지 아니하며 무례히 행하지 아니하며 자기의 유익을 구하지 아니하며 성내지 아니하며 악한 것을 생각하지 아니하며 (고전13:4-5)

29. 과연 예수님은 당신의 주인이신가?

예배 중에 목사님이 강단에서 마구 외치고 있었습니다.
"여러분, 진정 예수님이 당신의 주인이십니까? 과연 그분께서 당신의 삶을 지배하는 것을 원하십니까? 그분께 당신의 주권을 양도해 드리겠습니까?"
김집사는 졸면서 설교를 듣고 있었습니다. 그는 반사적으로 '아멘' 이라고 했습니다.
'그럼, 당연하지. 예수님은 나의 구주와 주님이신 걸. 나는 그분의 종이지.'
그는 즐겁게 예배를 마치고 집으로 왔습니다.
월요일 아침 회사 출근길의 전철에서 거지가 지나가고 있었습니다. 그는 습관대로 모른 척 하고 있는데, 갑자기 주님께서 그에게 말씀하셨습니다.

"내가 정말 너의 주인이냐?"
그는 깜짝 놀랐지만 아무 일 없다는 듯이 대답을 했습니다.
"그럼요. 주님, 물론이죠."
"그럼, 네 지갑에서 천 원을 꺼내서 저 거지에게 주어라."
그는 조금 인상을 찌푸렸지만 주님이 시키시는 대로 했습니다. 조금 후에 주님께서 다시 말씀하셨습니다.
"김집사야, 눈을 감지 말고 떠라. 네 옆에 할머니가 서 계시는데 왜 모른 척 하고 있니? 어서 일어나거라."
김집사는 조금 짜증이 났습니다. 그는 예수님께 따졌습니다.
"주님, 저도 사실 피곤합니다. 아직도 내리려면 멀었구요. 그리고 직장에 가면 또 하루 종일 시달려야 합니다. 당신은 제가 꼭 그렇게 고생을 해야 시원하시겠습니까?"

"안다. 내 아들아."
주님은 사랑스럽게 말씀하셨습니다.
"하지만 너는 어제 예배 시간에 나를 주인으로 섬기겠다고 약속하지 않았느냐?"
"주님. 그건 제가 그때 분위기에 휩쓸려서 한 것이지, 그게 이런 것을 의미하는 것인 줄은 몰랐습니다."
"어쨌든 약속은 약속이다."
그는 투덜거리며 자리에서 일어났습니다. '아이고, 내가 어제 그놈의 약속을 왜 했지?' 그는 후회가 막심했습니다.
회사에서 미스 리가 그의 책상에 커피를 엎질렀습니다. 그가 막 짜증을 내려고 하는데 주님이 다시 그에게 말씀하셨습니다.
"아들아, 누가 주인이냐?"

그는 할 수 없이 그냥 웃고 넘어갔지만 화가 나서 속이 부글거렸습니다.
점심시간이 되어 동료들과 같이 밥을 먹으면서 회사에 대한 불평, 상사에 대한 험담이 나오기 시작했습니다. 그도 불평에 동참하려고 하는데 주님이 또 말씀하셨습니다.
"아들아, 누가 주인이냐?"
그의 말문은 또다시 막혀버리고 말았습니다.

저녁때, 탈진하고 몹시 허기져서 그가 집으로 돌아왔을 때, 집에는 불이 꺼져 있었고 아내도 없었고 저녁식사도 차려져 있지 않았습니다. 그는 화가 머리끝까지 났습니다.
'또 시작이군. 보나마나 이 여자가 옆집에서 아직껏 수다를 떨고 있겠지'
그의 아내는 성품이 착한 여성이었으나 대화에 빠지다 보면 모든 것을 다 잊어버리는 습관을 가지고 있었습니다.

마음이 상한 그에게 다시 주님께서 말씀하셨습니다.
"아들아, 너의 주인이 누구지?"
그는 화를 참고 대답을 했습니다.
"네, 물론 주님이시죠. 하지만 이런 상황에서는 도대체 어떻게 해야 합니까? 저는 너무 배가 고프다구요. 또, 지쳤구요. 저는 지금 마음이 상해서 아무것도 하고 싶지 않습니다."

주님은 다시 조용하게 말씀하셨습니다.
"걱정하지마라. 내가 도와주마. 우선 화를 가라앉혀라. 마음을 잔잔하게 해라.
그리고 나서 옷을 갈아입고 씻도록 해라. 그 다음에는 네가 상을 차리고 밥을 먹어라. 그리고 그때까지 아내가 오지 않으면 네가 설거지를 해라. 아내를 사랑하는 것이 어떤 것인지 네가 보여주도록 해라."
그는 어처구니가 없었지만 주님께서 시키시는 대로 했습니다. 놀랍게도 마음이 평화로워졌습니다. 설거지를 마칠 때쯤 해서 아내가 허겁지겁 뛰어들어 왔는데 놀라서 눈을 동그랗게 뜨고 있었습니다.

다시 주님께서 말씀하셨습니다.
"미소를 지어라. 그리고 하루 종일 보고 싶었다고 말해 주어라."
그는 시키는 대로 했습니다. 아내는 놀라서 눈을 동그랗게 뜨고 그를 쳐다보았습니다.
아홉시가 되자 그는 TV앞으로 가서 9시 뉴스를 켰습니다.
주님은 다시 말씀하셨습니다.
"아들아! 세상의 뉴스가 중요하느냐? 아니면 하늘나라의 뉴스가 중요하느냐?"
그는 텔레비전을 끄고 성경을 펼쳤습니다. 교회 예배 때 말고 성경을 보는 것이 도대체 얼마 만인가 싶었습니다.
밤에 그는 주님께 말했습니다.
"주님, 주님은 너무 시어머니같이 잔소리가 많으세요. 도대체 피곤해서 살수가 없습니다."
주님은 빙그레 웃으셨습니다.
"그래, 좋다. 오늘 나는 너를 몹시 귀찮게 했다. 하지만 그 결과 너는 지금 행복하느냐? 불행하느냐?"
그는 잠시 하루를 돌이켜 보았습니다. 그리고 나서 웃으면서 대답했습니다.

"주님, 그러고 보니 정말 기분이 좋은 것 같습니다. 제 맘대로 했을 때는 항상 짜증만 났었거든요."
"그래, 그러면 다시 약속하자. 너는 내일도 내가 너에게 잔소리하기를 원하느냐?"
그는 무릎을 꿇고 대답했습니다.
"그럼요. 주님, 저는 주님께서 제 한평생 동안 저를 따라 다니시면서 잔소리하시고 가르쳐 주시기를 원합니다."
그 때 방문이 열리면서 아내가 차를 들고 들어왔습니다. 그리고 말했습니다.
"여보, 사랑해요."
이 가정에 천국이 시작되었습니다.

* 얼마나 많은 그리스도인들이 예수님과의 피상적인 관계를 갖고 있습니까? 그들의 고백은 얼마나 형식적이고 습관적으로 드려지고 있습니까?
얼마나 많은 경우에 그들은 삶 속에서 주님의 능력보다는 자신의 지혜와 방법과 이론을 추구하는지요!
얼마나 많은 그리스도인들이 그리스도의 주되심을 무시하고 있는지요!
이것이 그렇게도 많은 그리스도인에게 있어서 승리의 간증과 자유함이 없는 이유입니다.

그리스도의 주되심을 모르는 부인은 아이가 말을 듣지 않을 때, 아이를 달랠 것인가, 아이를 야단칠 것인가를 생각합니다. 그러나 그리스도의 주되심이 습관이 된 부인은 '오, 주님. 지금 어떻게 해야 합니까?' 하고 기도하며 주를 의뢰하고 주의 개입하심을 기대합니다. 그녀는 자신의 능력이 아닌 주님의 능력과 지혜에 의존해서 사는 것입니다.

주께 묻지 않는 것은 죄악입니다. 자기의 능력과 지혜로 사는 것은 죄입니다.
여호수아는 기브온 거민들이 그에게 거짓으로 다가왔을 때 단순히 주께 묻지 않았다는 이유만으로 그들에게 속임을 당하였습니다.

우리는 날마다 모든 순간에 주님께 묻고 주님의 인도를 구해야 합니다. 그리고 주님의 임재 속에서 주를 의식하며 살아가야 합니다.

그것이 바로 예수 그리스도를 주인으로 모시고 사는 삶입니다. 진정 주님이 우리의 주인이 되신다면 우리의 인격과 삶과 모든 것은 놀랍게 변화되어 갈 것입니다. 그리고 그것은 바로 천국입니다.

너희는 나를 불러 주여 주여 하면서도 어찌하여 내가 말하는 것을 행하지 아니하느냐 (눅 6:46)

30. 왜 여리고를 도는가?

어느 목사님은 멋진 교회를 짓고 싶었습니다. 하지만 그에게는 땅이 없었고, 돈도 없었습니다. 어느 날 이 목사님은 여호수아서를 읽다가 여호수아가 여리고 성을 계속 돌다가 여리고 성을 무너뜨린 부분을 읽고 무릎을 쳤습니다.
'옳지. 나도 이렇게 해서 교회를 지어야겠다.'
그는 바로 마음에 드는 건물을 선택하고, 그 주위를 돌기 시작했습니다.
그는 아침에도 돌고, 점심에도, 저녁에도, 밤에도 새벽에도 계속 돌았습니다. 하지만 아무리 돌아도 그는 소원을 이룰 수 없었습니다.

* 여호수아가 여리고 성을 돌게 된 것은 그가 원해서가 아니었습니다. 하나님께서 그에게 그렇게 말씀하셨기 때문입니다. 하나님께서는 기드온에게는 항아리를 깨뜨리고 나팔을 불도록 인도하셨습니다.(삿 7:19) 다윗에게는 뽕나무 꼭대기에서 걸음 소리가 들리거든 싸우라고 말씀하셨습니다.(대상 14:15)

중요한 것은 하나님께서 당신에게 무엇을 말씀하셨느냐 하는 것입니다. 승리의 비결은 당신에게 말씀하신 것을 순종하는 것이며 다른 이에게 말씀하신 것을 순종하는 것이 아닙니다.

하나님의 뜻과 인도하심은 각자마다 다 다릅니다. 공연히 남이 돈다고 해서 하나님의 인도하심과 감동이 없이 나까지 함께 따라서 돌아서는 안 됩니다. 감동이 없는 무분별한 흉내를 통해서는 아무런 유익도 얻을 수 없을 것입니다.

"이에 다윗이 하나님의 명령대로 행하여 블레셋 사람들의 군대를 쳐서 기브온에서부터 게셀까지 이르렀더니 다윗의 명성이 온 세상에 퍼졌고 여호와께서 모든 이방 민족으로 그를 두려워하게 하셨더라" (대상 14:16, 17)

31. 하나님의 음성?

어느 교회 청년부에 믿음이 좋고 잘 생기고 신실한 형제가 있었습니다. 그는 주위의 결혼 적령기에 있는 자매들에게 인기가 높았습니다.
어느 날 이 형제에게 그 청년부에 있는 한 자매가 '하나님의 뜻' 임을 확신한다고 하면서 결혼할 것을 요구했습니다. 이 형제는 아무리 기도해도 마음의 감동이나 확신이 없어서 고민하고 있는데, 다른 자매로부터 전화가 왔습니다.
"아, 여보세요?"
전화기에서 확신이 가득한 어떤 자매의 음성이 들렸습니다.
"지금부터 주의 말씀을 전하겠습니다. 잘 들으세요."
"네, 무슨 말씀이죠?"
"저와 형제님은 태초부터 정하신 한 짝이었으며, 이제 곧 결혼을 해서 함께 주의 일을 하라고 주께서 명령하십니다."
그 형제는 전화를 끊고 더욱더 혼란에 빠져 버렸습니다. 두 자매가 둘 다 하나님의 뜻이라고 하니, 그렇다면 하나님은 일부다처제를 원하시는가?
결국 그 형제는 두 사람을 다 거절하고 다른 자매와 결혼을 했습니다.

* 많은 사람이 자신의 소원과 하나님의 뜻을 구별하지 못합니다. 많은 자칭 예언자들이 본인의 선입견을 가지고 예언이라고 말합니다. 그들은 하나님의 말씀을 빙자하여 자신이 하고 싶은 말을 함부로 하곤 합니다. 그러한 엉터리 예언을 듣고 두려워하며 추종하는 이들도 많습니다.

예언은 안위하여 덕을 세우는 것입니다. (고전 14:3) 그것은 사람의 상한 심령을 치유하며 하나님과의 막혀져 있는 장애를 드러내 주고 제거하며, 주님과의 관계 회복과 사랑의 갈망을 일으켜 줍니다.

이 시대에도 주님은 말씀하십니다. 그분은 성도들의 영적 수준과 헌신도, 성숙상태에 따라 여러 가지 방법으로 말씀하십니다.

그분은 필요에 따라 성경말씀, 꿈, 환상, 마음의 소원, 직관, 계시, 예언의 말씀, 예감, 내적 충동, 강한 확신, 부드러운 압력, 바깥의 환경, 사람들의 지혜로운 조언, 양심의 소리 등 다양한 방법으로 말씀하십니다.

일반적으로 많이 사용되는 방법은 양심의 소리를 통해서 말씀하시는 것입니다.

거짓말이나 과장, 자기 합리화 등의 잘못된 말을 할 때 우리 안의 양심은 속에서 '그것은 잘못이다' 하고 정죄를 합니다. 우리가 그 양심의 소리에 예민해진다면 우리의 영감은 더 발전하게 됩니다. 양심의 소리는 사역적인 음성이 아닙니다. 이것은 자신을 정화시키고 하나님께 가까이 나아가도록 인도하는 것입니다. 따라서 이 음성은 자신에게만 적용시켜야 하며 타인에게 '주님께서 당신에게 이렇게 말씀하십니다.'라는 식으로 구속력을 행사할 수 없습니다.

많은 사람들이 약간의 은혜를 경험한 후에 자신을 신령한 사람으로 생각하고 이런 식의 잘못을 하곤 합니다. 그들은 예언을 빙자해서 사람들을 통제하고 싶어 합니다.
하지만 주의 말씀은 먼저 자신에게 적용되어야 합니다. 함부로 남에게 권면하거나 명령을 하는 것은 좋지 않습니다. 영이 좀 더 자라면 주님께서 그에게 사역적인 말씀을 주실 수도 있습니다.

영적으로 발전할수록 그 음성은 외부에서 들리지 않고 내부의 깊은 곳에서 들립니다. 그리고 이 음성은 그것을 받는 자들의 인격과 삶, 가치관 등을 놀랍게 변화시킵니다. 그러므로 삶을 보면 그 사람이 하나님의 사람인지 아닌지를, 그가 하나님의 음성을 듣는지 아닌지를 알 수 있는 것입니다.

내 양은 내 음성을 들으며 나는 그들을 알며 그들은 나를 따르느니라 (요 10:27)

32. 어느 할머니가 우는 이유

어느 할아버지 목사님이 열심히 설교를 하고 있었습니다. 그런데 청중들의 반응이 도무지 시원치 않았습니다. 더러는 졸기도 하며, 시계를 보기도 하며, 성경책을 여기 저기 들쳐보기도 하는 등 대부분 딴청을 하고 있었습니다.

목사님은 점점 더 맥이 빠지기 시작했습니다. 그런데 문득 앞좌석을 보니 어느 할머니가 계속 눈물을 닦고 있는 것이 아닙니까! 목사님은 용기를 얻어 설교를 계속해 나갔습니다. 예배를 마친 후 목사님은 그 할머니에게 악수를 청하면서 말을 건넸습니다.

"할머니, 오늘 설교 말씀은 정말 할머니를 위한 말씀이었던 것 같군요. 그런데 어떤 말씀이 그렇게 감동적이었나요?"

할머니는 너무 울어서 퉁퉁 부은 눈으로 대답을 했습니다.

"말씀은 잘 모르겠구요. 목사님, 며칠 전에 제가 오랫동안 키우던 염소가 죽었어요. 목사님의 수염을 보니까 자꾸만 그 염소 생각이 나서 그만.. 흑흑흑.."

* 예배 중에 눈물을 닦으면 사람들은 흔히 '은혜 받았구나. 감동 받았구나' 라고 생각합니다. 그러나 반드시 그런 것은

아닙니다. 하품하다가 눈물을 닦는 사람들도 있습니다. 그러므로 우리는 외부에 드러난 모습보다 그 내면에 숨겨져 있는 동기를 더 볼 수 있어야 합니다.

어떤 개척교회 사모가 남편이 기도는 안하고 하루 종일 TV만 보고 있다고 불평하는 것을 들은 적이 있습니다.

그녀가 본 것은 외적 행위이지만 그녀가 남편 마음속의 무기력과 좌절, 절망감을 볼 수 있다면 더 좋을 것입니다.

어떤 사람이 분노를 폭발할 때, 물론 그러한 행위가 정당화될 수는 없지만 그 사람 내면의 슬픔과 절망을 볼 수 있다면 그 영혼을 도울 수 있을 것입니다.

영적으로 발전해 갈수록 사람은 외적으로 나타난 결과보다 그 내면의 동기를 더 중요시하게 됩니다. 사람을 볼 때 점차적으로 외면보다 마음의 상태를 볼 수 있는 눈이 더 발전하게 됩니다.

온전히 성숙한 사람이 되어서 사람을 외모나 바깥의 행동으로 판단하지 않고 그의 내면을 잘 이해하고 섬길 수 있다면, 그는 좀 더 주님께 쓰일 수 있을 것입니다.

그러므로 우리가 이제부터는 어떤 사람도 육신을 따라 알지 아니하노라 비록 우리가 그리스도도 육신을 따라 알았으나 이제부터는 그같이 알지 아니하노라 (고후 5:16)

33. 예원이의 대학생활

초등학교 3학년인 딸 예원이에게 물었습니다.
"예원아, 네가 이담에 커서 대학생이 되면 무엇을 할 거니?"
예원이는 잠시 생각하더니 대답했습니다.
"응, 학교에 갔다 온 다음에 학원에 갈 거야. 그리고 집에 와서 숙제를 다 하고 나서 놀이터에 가서 그네를 타고 놀 거야."

* 예원이는 아직 초등학교 3학년생이므로 이 아이에게 있어서 대학생활은 실제가 아닙니다. 그러므로 이 아이는 다만 초등학생 수준의 이해와 사고로써 생각하고 말할 수밖에 없는 것입니다.
우리의 의식은 성장해야 합니다. 그럴 때 우리는 어린아이의 가치관과 사고를 벗을 수 있습니다.

무엇이 어린아이의 삶이고 무엇이 성숙한 사람의 삶일까요?
성경은 육신적인 삶이 곧 어린아이의 삶이라고 말합니다.
오늘날 적지 않은 그리스도인들의 가치관이 세상 사람들의 가치관과 별로 다를 것이 없습니다. 물질중심의 사고, 학벌중심의 가치관 등등.. 모든 측면에서 세상 사람들과 차이를 느끼기 어려운 이들이 많습니다. 그것은 그들이 영적으로 어린 아이여서 물질적이고 육신적인 사고와 의식을 아직 벗지 못했기 때문입니다.

영이 깨어나고 성장해갈수록 우리는 어린아이의 사고에서 벗어나 진정한 자유와 행복을 경험해가게 될 것입니다. 그러한 성장의 추구가 곧 천국을 향해 나아가는 그리스도인들의 여정인 것입니다.

형제들아 내가 신령한 자들을 대함과 같이 너희에게 말할 수 없어서 육신에 속한 자 곧 그리스도 안에서 어린아이들을 대함과 같이 하노라 (고전3:1)

34. 비판의 이유

어떤 스승이 한 제자를 그리스도인이라고 자처하는 사람들의 모임에 데리고 갔습니다. 그들은 열심히 험담에 몰두하고 있었습니다.
A라는 사람은 열심히 정치인들에 대한 욕을 하고 있었습니다. 스승이 조용히 물었습니다.
"당신은 이 나라를 이끌어 가는 정치 지도자들을 위해서 얼마나 기도하고 있습니까?"
A는 조금 얼굴을 붉히며 대답했습니다.
"별로 기도해 보지 않았습니다. 하지만.."
스승은 그의 말을 막았습니다.
"디모데전서 2장 2절에 '임금들과 높은 지위에 있는 모든 사람을 위하여 기도하라'고 기록되어 있지요. 당신은 그들을 비판할 자격이 없습니다."

B라는 사람은 현대교회의 타락과 목회자들의 비행에 대하여 열변을 토하고 있었습니다. 스승은 조용히 물었습니다.
"당신은 교회의 타락에 대하여 아파하면서 금식해 본 적이 있습니까? 목회자들을 위하여 중보해 본적이 있습니까?"

B도 약간 어색해 하며 말문을 닫았습니다.
C라는 사람은 어떤 사람의 성적 타락에 대하여 흥분하며 성토하고 있었습니다. 스승은 다시 물었습니다.
"당신의 생각과 영혼은 과연 그들보다 정결합니까?"
C도 역시 창백한 모습으로 입을 닫았습니다.
그들과 헤어져 돌아오는 길에 제자가 스승에게 물었습니다,
"왜 그렇게 사람들은 비판을 좋아할까요?"
스승이 조용히 대답을 했습니다.

"그것은 죄책감 때문이다. 사람들은 자기 안에 있는 죄책감 때문에 남을 공격하게 된다.
그들의 속이 더러움으로 가득 차 있기 때문에 더러운 것들만 보이는 것이다.
그들은 사랑과 선을 좋아하지 않는다. 그들은 사랑과 선에 대한 이야기를 들으면 의례적으로 반응할 뿐 별로 기뻐하지 않는다.
그러나 악과 타락에 대한 이야기를 들으면 그들은 몹시 흥분하며 공격한다. 그들은 다른 이들의 죄와 타락에 대하여 분노하고 공격하지만 사실은 자기 자신을 공격하고 있는 것이다. 만약 그들의 죄가 처리되고 용서받고 자유케 된다면, 그들은 남들의 타락에 대해서 분노하지 않으며, 불쌍히 여기며 기도하게 될 것이다."

* 유령을 보는 사람이 있습니다. 주위에서 아무도 보지 못하는데 본인 혼자서 공포에 질려서 '저기에 유령이 있다!'고 외칩니다. 그러나 그가 보고 있는 유령은 바깥에 있는 것이 아니라 그의 내부 속에 자리 잡고 있는 환상인 것입니다.

육적인 사람일수록 그의 관심은 외부를 향하고 있으며 자신의 내면에 대해서는 닫혀있습니다. 그러므로 자신의 내적 상태를 알지 못하며 보지 못합니다.
그것은 그들의 내부가 비참한 상태이기 때문에 본능적으로 자신의 내면으로 들어가는 것을 두려워하기 때문입니다.
그들은 바깥 환경을 보면서 많은 이야기를 하지만 사실은 그것은 자신의 내적 상태를 드러내는 것입니다.

부디 주님께서 우리의 내부를 비추어 주시기를! 그때 우리는 험담과 비판과 교만한 말에서 벗어나 주님 앞에 무릎을 꿇게 될 것입니다. 그리하여 자신의 내부가 정화되기를 주님께 간구하게 될 것입니다.

우리 주 예수 그리스도의 하나님, 영광의 아버지께서 지혜와 계시의 영을 너희에게 주사 하나님을 알게 하시고 너희 마음의 눈을 밝히사... (엡 1:17,18)

35. 관계는 진리보다 중요하다

한 젊은 목사님이 설교를 하면서 성도들의 반응을 살펴보니 세 부류로 나뉘는 것을 발견했습니다.
다수를 차지하는 첫 번째 부류는 열심히 설교를 듣고 고개를 끄덕이는 등 적극적인 반응을 보이고 있었고, 역시 다수를 차지하는 두 번째 부류의 사람들은 졸거나 별로 관심을 보이지 않았고, 소수를 차지하는 세 번째 부류의 사람들은 불쾌한 표정을 짓고 있거나 짜증스럽게 시계를 계속 쳐다보는 등 부정적인 반응을 보이고 있었습니다.

젊은 목사님은 설교의 주제를 바꾸어 보기도 하고, 설교의 스타일에 변화를 두는 등 여러 가지의 방법을 시도해 보았으나 그들은 여전히 똑같은 반응을 보였습니다.
매우 고민이 된 그는 연로한 선배 목사님을 찾아가서 조언을 구하였습니다. 선배 목사님의 조언은 아주 단순했습니다.

"자네의 설교에 좋은 반응을 보이는 사람들은 자네를 좋아하는 사람들이네. 설교에 부정적인 반응을 보이는 사람들은 자네를 싫어하는 사람들이네. 반응이 없는 사람들은 자네에게 별로 관심이 없는 사람들이네. 그들은 앉아서 자기의 집 안일이나 회사일, 또는 취미 생활 등을 생각하고 있을 걸세. 자네를 좋아하는 사람은 자네가 무슨 말을 해도 좋아할 걸세. 자네를 싫어하는 사람은 자네가 어떤 설교를 해도 그 설교를 싫어하네.

관계가 잘못되어 있으면 어떤 가르침도, 진리도 소용이 없으며 그들이 먹을 수 없네. 자네는 이제 설교의 내용이나 사역의 방법에 대해서 너무 많이 연구하지 말고 성도들과의 관계를 잘 살펴보게.

그리고 할 수만 있다면 막혀있는 벽들을 발견하고 허물 수 있도록 노력하게. 주님께서 도와주시면 잘못된 관계들이 해결되기 시작할 것이고 그들은 말씀에 감동 받고 변화 받게 될 걸세."

* 사람의 마음은 아주 신기합니다. 그것은 입구가 아주 좁은 개미굴과 같습니다. 개미집이 아주 작은 돌멩이 하나에도 막히듯이 사람의 마음에 손톱만한 앙금이 있어도 그 마음에는 아무 것도 들어갈 수 없으며 진리를 흡수하지 못합니다.

어떤 부인은 모처럼 부흥회에 은혜 받으러 갔다가 옆자리에 앉은 사람에게 스커트가 깔려서 구겨지는 바람에 마음이 닫혀버립니다.

어떤 이는 불친절한 안내위원 때문에 마음이 상해서 은혜의 문이 닫힙니다.
이와 같은 사소한 일들이 마음을 상하게 하고 아주 작은 하찮은 일로 관계들이 파괴되곤 합니다.
진리가 아무리 탁월해도 관계가 막히면 그것은 전달될 길이 없습니다.

오늘도 이간질의 영은 성도와 사역자의 관계를 파괴하기 위하여 교회 안에서 바쁘게 돌아다닙니다. 그렇게 해서 깨어진 교회가 얼마나 많은지 모릅니다.
사역자는 서로 사랑하고 그리워하는 좋은 관계를 맺기 위해서 애써야 합니다. 불편한 관계를 회복하기 위해서 노력해야 합니다. 그것이 멋진 설교와 사역보다 훨씬 더 많은 열매를 맺을 수 있는 것입니다.

여호와께서 사탄에게 이르시되 네가 어디서 왔느냐 사탄이 여호와께 대답하여 이르되 땅을 두루 돌아 여기저기 다녀왔나이다 (욥 1:7)

36. 진정한 자유

어떤 사람이 한 마을에 들어가 길을 물었습니다. 생소한 길이고 찾기도 좀 어려운 길이라 그는 여러 사람들에게 물어보았습니다.
그런데 어떤 사람들은 매우 친절하였고, 어떤 사람들은 몹시 무뚝뚝해서 접근하기도 힘들었습니다. 그는 그 이유가 몹시 궁금했는데, 마침 그 마을에서 가장 나이가 많고 지혜로운 노인을 만나게 되었습니다. 그는 그 노인에게 물었습니다.

"할아버지, 참 이상하군요. 이 마을 사람은 딱 두 부류의 사람들로 나누어지는 것 같습니다. 왜 어떤 사람들은 몹시 친절하고, 어떤 분들은 몹시 무뚝뚝하고 불친절할까요?"
노인은 지체 없이 대답했습니다.
"친절한 사람들은 가난한 사람들이오. 그들은 남에게 빼앗길 것이 없지요. 불친절한 사람들은 이 마을에서 손꼽히는 부자들입니다. 그들은 가진 것이 많아서 가진 것을 빼앗길까 봐 두려워합니다. 그래서 그들은 낯선 사람이 접근하면 도망가는 것이지요."

* 소유할수록, 배부를수록 사람은 부자유해집니다. 두려움으로 떨던 기드온은 막상 승리를 한 후에는 마음이 높아져서 우상을 만들었고, 다윗은 왕이 된 후에 살인과 음란죄에 빠졌으며, 삼손은 승리 후에 부정한 사랑에 빠졌고, 솔로몬은 영화를 얻은 후에 타락하였으며, 노아는 홍수의 위기가 끝난 후에 만취하였습니다.

그들은 하나같이 연약할 때 은총을 입었지만 성공한 후에는 넘어졌습니다.

많이 가질수록, 배부를수록, 성공할수록 사람은 오히려 묶일 수 있습니다. 진정한 자유와 행복은 이 땅에서의 소유와 성취에서 오지 않으며 오직 주님과 그의 나라를 갈망하는 자에게 주어지는 것입니다.

예수께서 눈을 들어 제자들을 보시고 이르시되
너희 가난한 자는 복이 있나니 하나님의 나라가 너희 것임이요
지금 주린 자는 복이 있나니 너희가 배부름을 얻을 것임이요
지금 우는 자는 복이 있나니 너희가 웃을 것임이요…
그러나 화 있을진저 너희 부요한 자여 너희는 너희의 위로를 이미 받았도다
화 있을진저 너희 지금 배부른 자여 너희는 주리리로다
화 있을진저 너희 지금 웃는 자여 너희가 애통하며 울리로다
(눅 6:20~25)

37. 세상을 이기는 믿음

자신이 아주 영적인 사람이라고 여기는 사람이 있었습니다. 그는 기도를 많이 하고 영적인 경험도 많이 있었습니다. 하루는 그가 열심히 기도를 하고 있는데 마귀가 그를 짓누르며 공격하면서 기도를 방해하는 것이었습니다. 그는 외쳤습니다.
"이 악한 마귀야, 예수 이름으로 명하노니 물러가라!"
마귀가 움찔 하는 것이 느껴졌습니다. 그는 계속 마귀를 결박하고 꾸짖는 기도를 해나갔습니다.

한참동안 그렇게 하고 있는데 주님께서 그에게 물으셨습니다.
"얘. 너는 지금 무엇을 하고 있느냐?"
그는 자랑스럽게 대답했습니다.
"예! 저는 지금 주님의 이름으로 마귀를 쫓고 있는 중입니다."
주님은 다시 말씀하셨습니다.
"그 마귀는 네가 아까 처음으로 마귀를 대적했을 때 아주 멀리 떠났느니라.

그런데 왜 너는 나와 대화하지 않고 계속 마귀만 상대를 하고 있느냐?"
그는 억울하다는 듯이 하소연했습니다.
"주님, 저도 주님과 같이 대화하고 싶습니다. 하지만 이 마귀가 자꾸만 방해하는 걸요. 그리고 마귀가 그렇게 쉽게 떨어지겠습니까? 저는 아직까지 마귀가 물러갔다는 느낌이 없습니다."

주님께서는 차근차근 설명해 주셨습니다.
"내 아들아 너는 지금 마귀를 믿는 거냐? 아니면 나를 믿는 거냐? 나의 말씀에 '마귀를 대적하라. 그리하면 너희를 피하리라'고 기록되어 있다. 그 말씀을 믿어야 한다. 만약 네가 나의 말씀보다 너의 느낌을 신뢰한다면 너는 결코 승리 할 수 없을 것이며 하루 종일 마귀와 싸워야 할 것이다. 너는 너의 믿음의 근거를 나의 말씀에 두어야 한다."

* 깊은 기도의 세계, 영의 세계에는 여러 가지 신비하고도 위험스러운 다양한 경험의 세계가 있습니다. 그러나 기독교는 신비한 경험을 많이 포함하고 있으되 신비주의는 아닙니다. 신비하고 달콤한 승리의 체험들이 우리들의 최종적인 목표가 되는 것은 아닙니다. 잘못하면 그것도 일종의 우상이 될

가능성이 있습니다. 대부분의 사람들은 영적인 체험의 현상을 전적으로 거부하거나 아니면 전적으로 옹호하고 사모하는 등의 양쪽 극단에 서 있습니다. 그러나 우리는 이에 대한 균형을 유지해야 합니다.

어떤 이들은 모든 체험들은 다 거짓이며, 마귀에게 미혹된 것이며, 어리석은 것으로 봅니다.
어떤 이들은 너무 예민합니다. 그들은 '저곳에 귀신이 있다'고 말합니다. '저 곳에 저주가 있다'고 두려워합니다.
어떤 이들은 사람이 많은 곳에 가지를 못합니다. 사람들 속에 있는 귀신이 그들을 괴롭히기 때문입니다.
그것은 일종의 묶임이라고도 할 수 있는 것입니다. 그러나 이러한 사람들은 자신이 매우 영적이기 때문에 고통을 겪고 있다고 생각합니다.

어떤 이들은 하루에 여러 시간을 기도하지 않으면 마귀에게 눌린다고 말합니다. 마귀가 아주 강력하게 공격해 오기 때문에 그 정도로 기도해서는 도저히 하루를 지탱할 수가 없다고 말합니다.
그것은 몹시 신령하게 보이며 마귀를 이기고 있는 것 같지만 실상은 마귀에게 속아서 시간을 낭비하고 있는 것에 불과합니다.

기도를 많이 하는 것이야 좋은 일이지만 이런 형태의 신앙에는 자유함이 없는 것입니다.
세상을 이기고 마귀를 이기는 것은 믿음입니다.
우리는 영적 경험을 무시할 필요는 없지만 또한 거기에 너무 치우쳐서도 안 됩니다. 우리는 주님께서 이미 마귀를 이기시고 지옥을 정복하신 것을 믿어야 합니다. 그리고 그 믿음에 근거해서 승리를 실제로 누리고 경험해야 합니다.

강력한 믿음을 통해서 우리는 진정한 승리를 경험할 수 있습니다. 영적 경험, 말씀에 대한 신뢰, 강력한 믿음을 통해서 우리는 원수를 깨뜨리고 승리하는 주의 용사가 될 수 있는 것입니다.

무릇 하나님께로부터 난 자마다 세상을 이기느니라 세상을 이기는 승리는 이것이니 우리의 믿음이니라 (요일 5:4)

38. 객관적인 통찰력

어떤 성도가 있었습니다. 그는 최근 들어 목사님의 설교가 도무지 은혜가 되지 않았습니다. 졸리고, 지루하고, 나중에는 분노까지 치밀어 올라왔습니다. 그렇게 되자 그는 교회에 가는 것도 싫어지게 되었습니다.
그는 자신에게 문제가 있는지, 아니면 목사님에게 문제가 있는지 도무지 알 수가 없었습니다.

고민하던 끝에 그는 친분이 있는 다른 목사님을 찾아갔습니다. 그리고 조언을 요청했습니다.
"목사님, 우리 교회 예배와 목사님의 설교가 도무지 은혜가 되지 않습니다. 때로는 시험에 들기도 하구요. 도대체 이건 누구의 문제입니까? 목사님 때문입니까? 아니면 저 때문입니까?"

목사님은 웃으면서 대답했습니다.
"그것을 아는 것은 아주 쉬워요."
목사님은 비유를 들어 설명했습니다.
"어떤 사람이 몸이 아프면 입맛을 잃습니다. 그는 어떤 음식을 먹어도 음식을 맛있게 먹지 못하지요. 그것은 음식에 문제가 있는 것이 아니라 본인의 건강에 문제가 있는 것입니다.
또 어떤 사람이 건강하면 여러 가지 음식을 먹을 때 아주 맛있게 먹을 것입니다. 그런데 어떤 음식을 먹으면 나쁜 냄새가 나고 먹을 수가 없지요. 그럴 때는 그 음식이 잘못된 것입니다.

신앙생활도 마찬가지지요. 영적으로 아픈 사람은 이 설교를 들어도, 저 예배를 드려도, 이 찬양을 드려도 기쁨이 없고 맛을 느끼지 못합니다. 그것은 본인의 영에 문제가 있는 것입니다.
그러나 영적으로 건강한 사람은 주님께 대한 열망도 있고, 개인적으로 기도하고 찬양하면 기쁨도 있고, 말씀을 읽어도 아주 행복한데, 어떤 목사님의 설교를 듣기만 하면 괴로워진다면 아마 그 목사님의 영에 문제가 있을 것입니다.

또 이런 측면으로도 생각해 볼 수 있습니다. 어떤 음식에 대해서 모든 사람이 맛이 없고 나쁜 냄새가 난다고 말하고 당신도 그렇게 느낀다면, 아마 그 음식이 잘못되었을 확률이 높을 것입니다.
그러나 다른 사람들이 그 음식을 맛있게 먹는데 당신이 그 음식이 잘못되었다고 느낀다면, 당신의 입맛에 문제가 있을 가능성이 많은 것입니다.
설교도 마찬가지입니다. 다른 사람들이 그 메시지에 대해서 어떻게 반응하는지, 긍정적인 열매들을 경험하고 있는지, 그들의 영적 욕구들이 채워지고 있는지, 그리고 그들의 반응은 자신과 어떤 차이가 있는지 등을 분별해 본다면 아마 문제점이 어디에 있는지를 파악하는 것은 별로 어렵지 않을 것입니다. 성도님의 경우에는 어떤 것 같습니까?"

그는 기어들어 가는 음성으로 대답했습니다.
"사실은.. 성경 읽은 지도 오래됐고... 찬송소리도 지겹고... 텔레비전, 신문만 열심히 봐서.."
목사님은 웃으면서 말했습니다.
"그렇다면 답은 간단하군요. 영적인 나태에 대해서 자백하고 주님께 죄송하다고 말씀을 드리고 난 후에 예배에 참석하십시오. 그러시면 다시 입맛이 되살아나실 것입니다."

* 몸이 건강하지 않아서 입맛이 없다면 그것은 몹시 불행한 일입니다. 산해진미가 있어도 그는 그것을 누릴 수 없습니다. 그는 영양실조에 걸려서 결국 몸이 아주 약해지게 될 것입니다.

이처럼 오늘날 말씀과 찬양, 기도의 맛을 느끼지 못하는 성도들은 너무나 많습니다. 그들은 영적으로 병들어 있는 것입니다.

말씀과 기도와 찬양, 예배는 그리스도인들의 기쁨이며 능력이며 무기입니다. 그리스도인들이 이 기쁨을 잃어버렸다면 그것은 비극입니다. 그는 현실의 어려움들을 잘 감당하기 어려우며 마귀의 공격이 온다 해도 그것을 물리칠 힘이 없는 것입니다.

이러한 이들은 속히 영성을 회복하고 영적 입맛을 회복해야 합니다. 모든 복은 이러한 영적 회복에서부터 시작되는 것입니다.

영적 입맛을 회복할 때 그는 모든 현실적인 문제도 회복되는 것을 느끼게 되며 점차 천국의 기쁨을 누릴 수 있게 될 것입니다. 그리스도인들에게 있어서 영적 회복보다 중요한 것은 아무 것도 없습니다.

주의 말씀의 맛이 내게 어찌 그리 단지요 내 입에 꿀보다 더 다니이다 (시119:103)

39. 얼굴에 빛을 주시는 주님

한 청년이 어떤 문제로 오랫동안 씨름하다가 목사님을 찾아왔습니다.
그는 목사님의 조언을 듣기 원했습니다.
"목사님, 오랫동안 고민을 하다가 최근에 결정을 내렸습니다. 그러나 이 결정이 옳은 것인지, 주님께서 원하시는 것인지 확신이 서지 않는군요."

목사님은 즉각 대답했습니다.
"주님께서 원하시는 결정이 아닙니다."
청년은 깜짝 놀랐습니다.
"예? 아니, 제 얘기를 들어보지도 않고 그걸 어떻게 아십니까?"
"거울을 보시면 아마 그 이유를 알 수 있을 것 같군요."

청년은 거울을 보자 거울 속에 어떤 청년이 수심이 가득하고 찡그린 모습으로, 생기가 하나도 없는 찌들은 모습으로 서 있는 것을 보았습니다. 청년은 비로소 깨닫고 피식 웃으며 말했습니다.

"맞습니다. 목사님, 주님께서 인도하신다면 제가 이렇게 불안하고, 염려스럽고, 고뇌어린 표정이 되지는 않았을 텐데... 앞으로는 거울을 보면서 기도를 해야겠군요."

* 주님의 인도를 받을 때, 거기에는 심령 깊은 곳에서 나오는 평안이 있습니다. 그것은 환경에서 오는 평안과 다릅니다. 그 평안은 환경이 아무리 고통스럽다고 해도 그것과 상관없이 그의 내면에서 솟아나는 기쁨인 것입니다. 이 내적 움직임은 바깥의 환경과는 완전히 다르게, 독자적으로 운행되는 것입니다.
환경도 주님의 인도하시는 하나의 표적이 될 수 있으나, 이 내면의 빛은 그것을 압도합니다. 그리스도인은 모두 이 내면의 빛에 대하여 잘 알고 있어야 합니다. 하나님은 빛이시니 그에게는 어두움이 조금도 없으십니다. (요일 1:5)

평안을 **너희**에게 끼치노니 곧 나의 평안을 **너희**에게 주노라 내가 **너희**에게 주는 것은 세상이 주는 것과 같지 아니하니라 **너희**는 마음에 근심하지도 말고 두려워하지도 말라 (요 14:27)

40. 영혼의 안식과 회복

한 직장인이 상담을 하기 위해서 목사님을 찾아왔습니다. 그는 말했습니다.
"목사님, 직장 생활에 참 회의가 많이 듭니다. 이 일을 하면서 전혀 보람이나 기쁨을 느낄 수가 없습니다. 주님께서 원하시는 것 같지가 않습니다. 직장을 옮겨야 할까요?"

목사님은 그에게 물었습니다.
"다른 간절히 하고 싶어 하는 분야가 있습니까?"
그는 대답했습니다.
"특별한 것은 없습니다."
"가정생활은 행복합니까?"
그는 '휴!' 하고 한숨을 내뿜었습니다.
"지옥이나 마찬가지입니다."

"인생을 살아가는 것이 재미있습니까?"
그는 점점 더 비극적인 표정이 되어갔습니다.
"천만에요. 목사님, 이놈의 세상이 얼마나 지긋지긋하고 힘든데요. 저는 어서 주님이 오시기만을 기다리고 있습니다."

목사님은 결론을 내렸습니다.
"형제님의 직장은 별 문제가 없는 것 같군요. 문제는 형제님 자신에게 있는 것 같습니다.
형제님은 지금 주님을 걱정해야 할 때가 아니라 자신을 걱정해야 할 것 같군요. 그리스도의 군사는 싸움을 할 수 있지만 환자는 먼저 치유를 받아야 하니까요.
당분간 어떤 외적인 환경의 변화를 추진하지 마십시오. 오직 주님 안에서 푹 안식하시며 치유를 받아야 합니다.
먼저 망가진 영혼을 고친 다음에야 모든 일들을 감당할 수 있습니다."

* 수많은 그리스도인들이 그리스도와의 피상적인 관계를 가지고 있으며 심령이 지치고 피곤하며 망가져 있습니다.
교회가 문제라면 교회를 옮겨서 해결될지 모릅니다. 직장이 문제라면 직장을 바꾸면 해결될지 모릅니다. 가정이 문제라면 별거, 이혼 등이 해결책이 될지도 모릅니다.

그러나 대부분의 문제는 본인의 영혼 속에 있는 것입니다.
그들의 영은 연약하며 사탄의 공격에 대해 무지하며 그리스도의 풍성함에 대하여 무지합니다.
그러므로 그의 영이 먼저 깨어나고 회복되어야 합니다. 실제적인 주님을 경험해야 하며 자신의 영을 강건케 해야 하며 악한 영들을 부수는 능력을 받아야 합니다.
모든 문제는 자신 안에 있으며 영의 변화만이 모든 것을 새롭게 만들어주는 것입니다.

수고하고 무거운 짐 진 자들아 다 내게로 오라 내가 너희를 쉬게 하리라 나는 마음이 온유하고 겸손하니 나의 멍에를 메고 내게 배우라 그리하면 **너희** 마음이 쉼을 얻으리니 **이는 내 멍에는 쉽고 내 짐은 가벼움이라** 하시니라 (마11:28~30)

41. 의분인가? 착각인가?

자랑하기를 좋아하는 어떤 성도가 영적 지도자와 대화를 나누고 있었습니다. 성도가 말했습니다.
"선생님, 저는 다른 것은 몰라도 교만한 사람을 보면 참 견디기가 어렵습니다. 그들의 교만한 말, 행동, 몸가짐 등을 보면 저도 모르게 제 속에서 뜨겁고도 거룩한 울분이 솟구치는 것 같아요. 도대체 제가 왜 이럴까요?"

그는 '형제님 속에 성령께서 거룩한 의분으로 역사하시고 있군요!' 라는 대답을 내심 기대하고 있었습니다. 그러나 그에게 온 대답은 그의 기대와 전혀 다른 것이었습니다.
"그것은 형제님이 교만하기 때문입니다."
"예? 뭐라구요?"
그는 기가 막혀서 눈을 크게 떴습니다.

"당신의 교만이 처리되었다면 당신은 상대방의 교만에 대하여 그렇게 고통스럽게 느끼지 않을 것입니다. 당신이 고통스러운 것은 당신도 비슷한 존재이기 때문입니다. 무엇이든 같은 요소는 서로 밀어내게 되어 있습니다."

* 당신은 무엇으로 인하여 상처를 받니까? 그것을 알 수 있다면 나는 당신을 알 수 있을 것입니다.
무례한 사람은 무례한 사람에게 상처를 받으며, 이기적인 사람은 이기적인 사람에게, 인색한 사람은 인색한 사람에게, 혈기가 있는 사람은 그와 비슷한 사람에게 상처를 받습니다.

N극과 N극은 서로 밀어내게 되어있습니다. 선한 쪽으로 같은 성분은 서로 연합되며 사랑하지만, 악한 쪽으로 같은 성분은 서로 밀어내며 서로를 견디지 못합니다.
우리의 많은 판단과 분노가 우리 자신의 깨어지지 않은 기질, 옛 사람의 성품에서 온다는 사실을 우리가 충분히 볼 수 있다면 얼마나 좋을까요?
그렇게 될 때 우리는 우리의 바깥 환경이나 사람에 대해 불평하지 않고 오직 나의 관점과 시각이 깨어지고 변화되기를 사모하게 될 것입니다.

같은 할머니가 어떤 사람에게는 까다로운 노파가 되고, 다른 사람에게는 친절한 할머니가 되기도 하는 이유가 바로 거기에 있습니다.
'저 사람은 다른 사람에게는 잘 하는데, 꼭 나한테만 저렇게 나쁘게 대해요..' 하는 사람은 자기 안에 문제가 있는 것은 아닌지 돌아볼 필요가 있습니다.

주님은 우리 바깥의 노파를 처리하시는 것보다 우리 내부의 노파를 처리하기를 원하십니다.

바깥의 환경보다, 바깥의 사람보다 우리 자신, 우리의 마음을 처리하기를 원하십니다. 거기에서 비로소 진정한 자유함이 일어지기 때문입니다.

너희 안에 이 마음을 품으라 곧 그리스도 예수의 마음이니 (빌 2:5)

42. 세상의 영과 하나님의 영

A집사가 고민하는 표정으로 목사님께 물었습니다.
"목사님, 저는 예수님의 십자가, 보혈, 우리를 위해 죽으심, 뭐 이런 이야기를 들으면 남들은 감동도 되고 눈물도 난다고 하는데 저는 전혀 아무런 감흥도 없습니다. 도대체 왜 그럴까요?"

목사님이 질문을 시작했습니다.
"월드컵 축구를 볼 때는 감흥이 있습니까?"
A집사는 신이 나서 대답했습니다.
"아, 그거야 당연하죠. 밤을 꼬박 새우며 봐도 아주 재미있지요."
"한국 야구 시리즈는 어떻습니까?"
"물론 그것도 재미있죠. 혹시 바빠서 못 보게 될 때는 꼭 녹화해서 라도 봅니다."
"주말의 영화는 어떻습니까?"
"역시 재미있게 거의 빠짐없이 봅니다. 그러다 보면 주일 아침에 머리가 뻐근하고 일어나기 힘들어요. 예배시간은 또 왜 그렇게 긴지..."

목사님은 대화를 마무리 지었습니다.
"십자가의 감격이 없는 게 당연하군요. 집사님은 세상의 영으로 가득 채워져 있습니다. 성령과 세상의 영을 동시에 소유할 수는 없지요. 십자가의 감격은 주의 거룩한 영을 받은 사람만이 누리고 맛볼 수 있는 것입니다."

* 야구를 좋아하는 사람은 어디에서 가장 감동을 받을까요? 당연히 야구장입니다. 그럼 영화광은? 극장 개봉관입니다. 도박에 빠진 사람은? 경마를 좋아하는 사람은? 그 해답은 아주 쉬운 것입니다.
사람들은 어떤 것이 진리이기 때문에 그것에 빠지는 것이 아니라 자기 속에 있는 동일한 성분 때문에 그것에 빠지는 것입니다.

비판과 험담에 빠지는 것도 비판과 험담의 영이 자기 속에 있기 때문에, 음란에 빠지고 그것을 즐기는 것도 자기 속에 더러운 영, 더러운 성분이 자리 잡고 있기 때문입니다.
이런 사람들은 소수의 성도들이 주님과의 사랑에 빠지고 기쁨의 찬양을 드리며 예배의 감격, 십자가의 은혜에 사로잡히는 것을 이해하지 못하고 조롱합니다.
그들은 이러한 성도들을 세상사는 재미도 모르는 답답하고 한심한 자들이라고 생각합니다. 그것은 왜 그럴까요?
그들은 그러한 거룩한 영을 받지 못했기 때문입니다. 그들은 더러운 것들을 즐겁게 느끼는 속성을 자기 안에 형성했기 때문입니다.

주님과의 거룩한 교통과 그 사랑의 감격에 빠져있는 성도들은 얼마나 귀한지요! 세상은 이들을 가만히 놓아두지 않고 이상히 여기고 핍박하나 어린양의 아름다움과 거룩함에 속한 자들은 오늘도 묵묵히 오직 그분만을 좇습니다.
우리는 이 세상의 풍조와 상관없이 오직 주님만을 사모하고 추구하는 사람이 되어야 할 것입니다.

우리가 세상의 영을 받지 아니하고 오직 하나님으로부터 온 영을 받았으니 이는 우리로 하여금 하나님께서 우리에게 은혜로 주신 것들을 알게 하려 하심이라 (고전2:12)

43. 성장하는 기쁨

예닐곱 살 정도의 남자, 여자아이가 같이 소꿉놀이를 하고 있었습니다.
둘은 아주 재미있게 놀았습니다. 저녁때가 되어 여자아이의 엄마가 데리러 왔습니다.
"예원아! 그만 놀고 어서 들어와 밥 먹어라!"
이제 둘은 서로 헤어져야 할 시간이었습니다. 홀로 남게 된 남자아이 주원이는 너무나도 아쉬웠습니다. 그래서 주원이가 말했습니다.
"예원아. 나는 헤어지는 게 너무 싫어. 그러니까 우리 이담에 크면 결혼해서 같이 살자."

예원이는 잠시 생각에 잠겼습니다. 그러더니 잠시 후 아쉬운 표정으로 대답했습니다.
"미안하지만 그건 안 돼. 우리 집은 같은 식구하고만 결혼하거든. 우리 엄마는 우리 아빠하고, 우리 할머니는 우리 할아버지하고 결혼했단 말이야. 그런데 너는 우리 가족이 아니기 때문에 안 돼."
그것은 참으로 슬픈 이별이었습니다.

* 어린아이들은 생각하기를 할머니는 태어날 때부터 할머니고, 아빠는 태어날 때부터 아빠이며, 가족은 태어날 때부터 가족인 줄 압니다.

그러나 아이들은 계속 아이들로 있지 않고 자라갑니다. 성장해 갑니다. 결혼을 하고 가정을 이룰 엄마가 되고 자녀를 낳습니다.

이 얼마나 아름다운 특권인지요! 지금, 영적으로 미숙한 아이라도 점차 자라나게 될 것입니다. 자기 밖에 몰랐던 그들은 자라면 자랄수록 이기주의를 버리게 되며 사람을 섬기는 기쁨을 알게 될 것입니다.

그들은 영혼에게 있어서 가장 필요한 것은 사랑이며, 영혼은 사랑과 말씀을 먹고 자란다는 것도 이해하게 될 것입니다.
그들은 사람들과 바른 관계를 맺는 법을 알게 되며 영혼을 생산하는 것, 그 산고의 고통, 또 자녀 생산의 기쁨을 이해하게 될 것입니다.
그들은 어린아이의 근시안적인 시각을 버리고 변화되고 성숙된 보다 높은 수준의 이해력과 통찰력을 지니게 될 것입니다.
그들은 주님께 떼만 쓰는 어린아이가 아니라 점차로 주와 교제하며 주님의 짐을 나누어지는 영혼으로 자라갈 것입니다.
그들은 점차로 주님의 마음을 이해하게 되며 영적인 희락에 포함된 고통과 시련을 경험하며 고독과 절망 속의 행복을 이해하게 될 것입니다.

어린아이에서 장성한 자에 이르기까지 자라가는 것, 그것은 그리스도인의 가장 놀라운 특권입니다. 성장하는 만큼 그는 주님과 천국과 가까이 있게 될 것입니다.

우리가 다 하나님의 아들을 믿는 것과 아는 일에 하나가 되어 온전한 사람을 이루어 그리스도의 장성한 분량이 충만한 데까지 이르리니
이는 우리가 이제부터 어린 아이가 되지 아니하여 사람의 속임수와 간사한 유혹에 빠져 온갖 교훈의 풍조에 밀려 요동치 않게 하려 함이라
오직 사랑 안에서 참된 것을 하여 범사에 그에게까지 자랄지라 그는 머리니 곧 그리스도라 (엡4:13~15)

44. 주님을 사랑함으로 자기를 포기함

양파를 몹시 싫어하는 청년이 있었습니다. 그는 양파뿐만 아니라 양파 냄새나는 과자, 양파를 넣어서 만든 음식 등 양파에 관계된 모든 것을 싫어했습니다.
그러던 그가 어떤 여성과 사랑에 빠졌습니다. 그녀는 너무 사랑스러운 여성이었습니다.

어느 날 그는 그녀와 함께 햄버거 가게에 갔습니다. 가게 점원이 주문을 받으러 왔습니다.
"뭘 드시겠어요?"
그녀가 주문을 했습니다.
"양파 낀 햄버거 하나! 내가 제일 좋아하는 거예요."

아르바이트생이 또 물었습니다.
"이쪽은요?"
청년은 더 큰 소리로 외쳤습니다.
"나도! 똑같은 걸로! 양파를 듬뿍 넣어서!"

* 사랑은 제정신으로 하는 것이 아닙니다. 사랑이란 빠지는 것입니다. 사랑이란 어리석은 것입니다. 그것은 논리를 초월합니다. 사랑은 포기하는 것입니다. 심지어 자기의 본질, 생명까지도 버리는 것입니다.

많은 사람들이 제정신으로 그리스도를 사랑하려 합니다. 손해 보지 않으려고 합니다. 그리스도를 사랑함으로 어떤 이득을 얻으려고 합니다. 그것은 아직 사랑이 아닙니다. 아직 그는 계산하고 있는 것이지 사랑에 빠진 것이 아닙니다.

주님과 사랑에 빠지면 빠질수록 우리는 변화되기 시작합니다. 우리의 성향은 달라집니다. 우리가 좋아하던 것들은 점차로 적어집니다.

세상은 희미해지며, 점점 주님에 대한 의식, 주님의 영광만이 우리 속을 가득 채우게 됩니다. 그것이 바로 행복입니다. 자기에 대해서 비워질수록, 주님께 대해서 부요하게 될수록 사람은 이 세상에서 천국의 행복을 누리게 됩니다. 그것이 바로 진정한 사랑이며 믿음인 것입니다.

나의 간절한 기대와 소망을 따라 아무 일에든지 부끄러워하지 아니하고 지금도 전과 같이 온전히 담대하여 살든지 죽든지 내 몸에서 그리스도가 존귀하게 되게 하려 하나니 이는 내게 사는 것이 그리스도니 죽는 것도 유익함이라 (빌1:20~21)

45. 사람은 자기가 듣고 싶은 것만을 듣는다

한 전도자가 친구에게 복음을 열심히 증거했습니다. 그 친구는 하나님의 존재와 천국의 존재는 인정했으나 사람은 오직 선하게 사는 것을 통해서 천국에 갈 수 있다고 말했습니다.
전도자가 그리스도의 성육신, 십자가와 죄사함에 대해서 아무리 이야기해도 그는 요지부동이었습니다.
전도자는 고민 끝에 그 친구를 전도 집회에 데리고 갔습니다. 마침 설교자는 십자가의 도에 대해서 중점적으로 말씀을 전했습니다.
죄 중에 태어난 인간, 유일한 중보자 예수 그리스도, 뼈 속까지 스며든 인간의 죄성을 처리하는 하나님의 유일한 방법인 십자가에 대해서 말했습니다.

그 친구는 계속 고개를 끄덕이며 설교를 듣고 있었습니다.
전도자는 몹시 마음이 흐뭇했습니다.
집회가 끝나자 전도자는 친구에게 물었습니다.
"자네 참 감명 깊게 말씀을 들은 것 같은데, 오늘의 말씀 중에서 가장 중요한 핵심은 무엇이었는가? 가장 인상적인 부분은?"

그 친구는 계속 고개를 끄덕이면서 말했습니다.
"그럼. 매우 감명 깊게 들었네. 역시 사람은 선행을 통해서 천국에 갈 수 있다는 것이 가장 감명 깊었네."

* 사람은 누구나 자신이 듣기 원하는 것만을 듣는 성향을 가지고 있습니다. 자기가 원하는 것만을 듣고 기억합니다.
아무리 많이 들었던 것이라도 자신이 좋아하지 않는 것은 기억하지 못하며 이해하지 못합니다.
그러나 한두 번 들은 것이라고 하더라도 자신이 원하는 것은 곧 이해하며 오랫동안 기억하게 됩니다.

왜 주님의 말씀을 바리새인들과 서기관들은 이해하지 못했을까요? 그것은 그들이 그것을 이해하고 깨닫기를 원하지 않았기 때문이었습니다.
우리는 어떻게 주님을 가까이 경험할 수 있을까요? 주님의 진리를 더 깊이 이해할 수 있을까요? 주님의 음성을 더 잘 들을 수 있을까요?
그것은 아주 간단합니다. 우리가 마음으로 진정 주를 갈망해야 하는 것입니다. 간절히 주를 사모하며 진리를 사모하며 주의 음성을 구해야 합니다. 그럴 때 우리는 주님을 가까이 누리고 경험하게 됩니다.

사람은 누구나 자신이 진정 원하는 것을 얻습니다. 누리고 맛보고 경험합니다.
그러므로 원하지 않는 이들은 아무 것도 얻지 못하며 진정 구하고 찾는 이들은 찾고 보고 듣고 만지며 경험할 수 있게 되는 것입니다.

이 백성들의 마음이 완악하여져서 그 귀는 듣기에 둔하고 눈은 감았으니 이는 눈으로 보고 귀로 듣고 마음으로 깨달아 돌이켜 내게 고침을 받을까 두려워함이라 하였느니라 (마13:15)

2부

유머와 영적 교훈

1. 내면과 외면의 균형

가래떡은 남자, 찹쌀떡은 여자로 둘은 서로 연인 사이입니다. 어느 날 둘이서 길을 가고 있는데 예쁜 여자 떡인 인절미가 지나가고 있었습니다.
그런데 여성인 찹쌀떡이 보니 남자 친구 가래떡이 인절미를 자꾸 힐끔힐끔 곁눈질하는 것이었습니다.
찹쌀떡은 기분이 몹시 상했습니다.
그녀는 그래서 가래떡에게 말했습니다.
"자기, 쟤 쳐다보지 마. 쟤 순 화장 빨이야!"

* 인절미는 외면이 아름답습니다. 그러나 내부에 별다른 특징을 가지고 있지 않습니다.
찹쌀떡은 겉의 모습은 밋밋하지만 속에는 달콤한 맛을 가지고 있습니다.
이와 같이 어떤 이들은 외모를 자랑하지만 내면이 비어있습니다. 또한 어떤 이들은 내면을 자랑하지만 외적인 부분이 약합니다. 할 수 있다면 우리는 외면과 내면의 아름다움을 조화롭게 가질 수 있는 것이 좋을 것입니다.

성령님의 역사에도 이와 같이 외적인 충만함과 내적인 충만함이 있습니다.
성도의 겉사람에 임하는 외적인 권능은 능력 있는 삶을 살도록 해주며 성도의 내면에 임하는 내적인 충만함은 사랑과 겸손 등의 아름답고 귀한 삶의 열매를 맺도록 도와주는 것입니다.

성도에게는 이 두 가지가 다 필요합니다.
내면의 아름다움이 있어도 외적인 권능이 부족하면 성도는 쉽게 눌리고 두려워하며 승리하는 삶을 살 수 없습니다.
외적인 권능이 있어도 내면의 풍성함이 부족하다면 그는 강하고 담대하기는 하지만 아름답고 행복한 삶을 누리는 것이 어려울 것입니다.
그러므로 성도들은 외적인 충만함과 권능, 그리고 내적인 충만함과 아름다움을 같이 누림으로써 균형 잡힌 신앙을 가져야만 하는 것입니다.

2. 진정한 따뜻함

예지는 귀엽고 사랑스러운 여학생입니다.
그녀는 수능시험을 망쳐서 대학에 떨어지고 말았습니다.
풀이 죽은 예지는 한동안 밥도 안 먹고 힘없이 집에 틀어박혀 있었습니다.

예지의 엄마는 딸이 안쓰러워 남편에게 부탁을 했습니다.
"여보, 당신 딸 예지가 저렇게 풀이 죽어 있으니 당신이 가서 따뜻한 이야기 좀 해 주세요."
"알았어."
예지 아빠는 씩씩하게 일어났습니다.

그는 예지의 옆에 앉더니 조용히 그녀의 어깨 위에 손을 얹었습니다.
그리고는 따뜻한 말을 하기 시작했습니다.
"기름보일러, 가스보일러, 전기난로, 사막의 태양, 열 내는 하마..."
그는 끝없이 딸에게 따뜻한 말을 하고 있었습니다.

* 그의 말은 따뜻한 말인가요?
아닙니다. 그 말들은 따뜻한 열을 내는 단어의 나열일 뿐입니다.
그러한 말은 마음을 따뜻하게 하지 못할 것입니다. 그것은 단어이지 실제가 아니기 때문입니다.

오늘날 많은 그리스도인들이 가지고 있는 신앙의 개념도 이와 비슷합니다.
그들은 주님의 함께 하심, 하나님의 살아 계심 등에 대한 많은 이론과 지식을 가지고 있습니다. 그러나 실제로 그러한 것을 맛보지는 못하고 개념으로 이해하고 있을 뿐입니다.
그렇기 때문에 실제의 삶에 있어서는 마치 주님이 계시지 않는 것처럼 살며 변화된 삶을 살지 못하는 것입니다.

우리가 주님을 개념으로서 이해하지 않고 그분의 실제를 경험하게 된다면, 실제적인 따뜻함을 맛보게 된다면 우리는 많은 변화를 가지게 될 것입니다.
그리고 진정 풍성하고 놀라운 삶을 살 수 있게 될 것입니다.

3. 시험과 변명

말만 잘하면 어떤 상황도 잘 넘길 수 있다고 믿고 있던 학생이 있었습니다.
이 학생이 학기말 시험을 치게 되었는데 그는 전혀 시험 준비를 하지 않았습니다.
그러나 그는 별로 걱정하지 않았습니다. 그의 능란한 말솜씨로 잘 넘어갈 수 있을 것이라고 생각했기 때문입니다.
그는 백지 답안지를 내고 대신에 답안지에 이렇게 썼습니다.
"사랑하는 교수님께.
저는 아무 것도 알지 못하지만 하나님은 모든 것을 아십니다. 메리 크리스마스!"
그렇게 답안지를 내고 그는 좋은 결과가 있을 것을 기대했습니다.

얼마 후에 그에게 성적표가 담긴 편지가 왔습니다.
그 편지에는 이렇게 쓰여 있었습니다.
"사랑하는 제자에게.
하나님은 A학점, 학생은 F학점.
해피 뉴 이어."

* 언젠가 우리는 주님 앞에서 우리의 삶을 판단 받게 될 것입니다.
그리고 그때 우리는 우리의 삶에 대해서 아무 것도 변명할 수 없을 것입니다. 왜냐하면 주님은 우리의 모든 것을 아시기 때문입니다.

주인에게서 한 달란트를 받은 종은 악하고 게으른 종이었으나 말을 잘 하는 사람으로, 아주 그럴 듯한 변명을 늘어놓았습니다.
자기는 결코 주인의 돈을 잃어버린 것이 아니며, 주인의 돈을 잃을까봐 걱정이 되었을 뿐이라고 말합니다. 그의 말은 그럴듯해보였지만, 그러나 그의 변명은 주인 앞에서 통하지 않았습니다. 주님은 사람의 중심 동기를 보시는 분이기 때문입니다.

언젠가 주님 앞에서 심판을 받을 때 우리는 진정 우리의 삶이 실패인지, 성공인지 알 수 있게 될 것입니다.
그 날의 심판에 부끄럽지 않도록 우리는 지금 이 순간에 오직 주님을 사모하며 맡기신 일을 잘 감당하며 순종하여야 할 것입니다.

4. 착각인가? 실제인가?

유명한 극작가 버나드쇼에게 어떤 부인이 이런 고민을 호소했습니다.
"선생님.. 저는 아침에 일어나 거울을 볼 때마다 자신의 아름다움에 도취되곤 하는데 선생님, 이것은 죄일까요?"
그는 조용히 대답했습니다.
"걱정 마십시오, 부인. 그것은 결코 죄가 아닙니다. 다만 착각일 따름이죠."

* 우리가 주님을 알고 있다고 생각하는 것은 착각일까요? 실제일까요?
우리가 가지고 있는 것은 단순한 교리, 지식, 관념일까요? 실제일까요?
착각과 실제의 구별은 열매에서 나타납니다.
우리 안에서 주님께 대한 그리움이 증폭되고 기도와 예배, 말씀의 묵상이 행복해지고 우리의 삶에서 사랑의 관계들이 형성되며 아름답고 풍성한 삶의 열매들이 증가되고 있다면 우리는 주님을 가까이 알아가고 있는 것입니다.

그분은 살아있는 생생한 실제이십니다. 그러므로 그분을 접촉하는 사람들은 반드시 열매를 얻습니다. 삶과 인격, 사고방식.. 그 모든 것들이 변화되기 시작하는 것입니다. 이러한 열매로 인하여 우리는 우리가 알고 믿는 것이 단순한 지식이나 개념이나 착각이 아니고 실제라는 것을 확실히 알 수 있는 것입니다.

5. 바른 통역자가 되어야..

어떤 남자가 군에 입대하게 되었습니다.
이 사람은 영어를 잘한다고 속여서 카투사에 들어갔습니다.
그는 통역을 맡게 되었습니다. 그러나 이 남자의 영어 실력은 형편이 없었습니다.
그는 영어가 필요할 때마다 눈치와 순발력으로 그 위기를 넘기곤 했습니다.
어느 날 한국인 장교가 미국인 장교와 싸움이 붙었습니다.
화가 머리끝까지 난 한국 장교는 그를 불렀습니다.

통역병이 나가자 그는 화난 음성으로 명령했습니다.
"너, 내가 하는 말을 한 마디도 빼놓지 말고 그대로 전달해!"
그리고 그는 말했습니다.
"우리는 하나다!"
통역병이 통역했습니다.
"We are the world!"
"그러나 공은 공이고 사는 사다!"
"But, ball is ball, and four is four!"
미국 장교는 통역병의 말을 도무지 알아들을 수 없었습니다.

결국 그는 통역병의 일에서 쫓겨나 다른 부대로 전출이 되고 말았습니다.

* 우리의 삶의 의미는 주를 알지 못하는 자들에게 그리스도의 향기가 되어 주님의 말씀을 삶으로 통역하는 것입니다. 그러나 주님의 사랑, 주님의 기쁨의 언어를 바르게 통역하지 못한다면 우리의 삶은 결코 성공적인 것이 아닙니다.
우리는 주님이 말씀하신 단어를 이해하는 것으로 그쳐서는 안 됩니다. 우리는 주님의 마음을 알아야 합니다. 그렇게 될 때 우리는 진정한 통역자로서 주님의 말씀을 사람들에게 전할 수 있게 될 것입니다.

6. 꺼벙이 남편의 일기

*월 *일
아내가 애를 보라고해서 열심히 애를 뚫어지게 쳐다보고 있다가 아내에게 머리통을 맞았다. 너무 아팠다.

*월 *일
아내가 세탁기를 돌리라고 해서 있는 힘을 다해 세탁기를 돌렸다. 세 바퀴쯤 돌리고 있는데 아내에게 행주로 눈탱이를 얻어맞았다. 그래도 행주는 많이 아프지 않아서 행복했다.

*월 *일
아내가 커튼을 치라고 해서 커튼을 툭툭툭 계속 치고 있는데 아내가 손톱으로 얼굴을 할퀴었다. 왜 할퀴는지는 모르지만 아마 사랑의 표현인가보다. 얼굴에 생채기가 났지만 스치고 지나간 아내의 로션냄새가 참 좋았다. 아주 즐거운 하루였다.

*월 *일
아내가 분유를 타라고 했다. 그래서 이건 좀 힘든 부탁이긴

하지만 사랑하는 아내의 부탁이므로 열심히 힘을 다해서 분유통 위에 앉아서 끼라꺄 하고 열심히 탔다. 그러고 있는데 아내가 내게 걸레를 던졌다. 가수들이 노래를 부를 때 팬들이 손수건을 던지기도 한다는데 아내는 너무 즐거워서 걸레를 던지나보다. 아내의 사랑에 눈시울이 뜨거워졌다.

*월 *일
아침에 일찍 회사를 가는데 아내가 문 닫고 나가라고 했다.
그래서 일단 문을 닫은 다음 나가려고 시도해 보았다.
그런데 아무리 애써도 밖으로 나갈 수가 없었다.
30분을 헤매고 있다가 아내에게 엉덩이를 발로 채여서 밖으로 나왔다. 역시 아내에게 맞고 시작하는 날은 기분이 좋다.

* 언어의 의미를 모르고 문자적으로만 이해한다면 그것은 어처구니없는 것입니다.
기독교도 이와 같습니다.
주님은 단어와 개념이 아니며 살아있는 실제이십니다.
그러므로 살아있는 그분을 경험하게 될 때 우리의 실제적인 성품도, 삶도 바뀌게 되는 것입니다.

7. 도대체 떠드는 게 누구인가?

어떤 남자가 허름한 호텔에 들어가서 주인에게 방을 달라고 했습니다.
"잠만 자면 되니까.. 방을 하나 주세요."
호텔 주인은 장난꾸러기였습니다. 그는 수면제를 주면서 말했습니다.
"이것만 먹으면 어디서나 잘 수 있습니다."
주인의 장난에 짜증이 난 남자는 조금 퉁명스럽게 말했습니다.
"하여튼 잠만 자면 되니까.. 조용한 방을 주세요."
주인은 다시 말했습니다.
"우리 호텔의 방들은 다들 조용합니다. 그 방안에 있는 사람들이 떠들어서 그렇지, 방들은 아주 조용합니다."

* 문제는 항상 환경이나 상황이 아니고 사람에게 있습니다.
속을 썩이는 것은 남편도 아니고 애도 아니고 바로 그 사람 자신입니다.
모든 문제는 자신의 안에 있습니다. 방들은 다 조용합니다.
그러므로 나만 조용하면 인생이 편안한 것입니다.

8. 짜파게티의 변신

짜장면양과 우동군이 결혼을 했습니다.
그런데 그 사이에서 라면이 태어났습니다.
우동군은 이해할 수가 없었습니다.
"어쩌다 우리사이에서 꼬불꼬불한 라면이 태어난 것일까?"
우동군은 첫날밤 짜장면양이 머리 감을 때 올리브유첨가가 있었던 것이 생각났습니다.
"아, 이럴 수가."
우동군은 모든 것을 깨닫게 되었습니다.
짜장면이 아닌 짜파게티가 스트레이트파마를 하고 짜장면으로 가장했었던 것입니다.

* 짜파게티가 아무리 노력한다 해도 그는 결코 짜장면이 될 수 없습니다.
짜파게티가 일시적으로 꼬불꼬불한 머리를 펼 수는 있어도 지속적으로 그러한 상태가 될 수는 없을 것입니다.
마찬가지로 우리는 각종 인위적 방법과 노력으로는 우리의 근본을 바꿀 수 없습니다.

아무리 열심히 스트레이트파마를 해도
우리의 꼬부라진 마음은 펴지지 않으며
언젠가 우리의 속마음은 드러나게 될 것입니다.
그러나 주님이 우리의 내면을 만지실 때
우리 속의 생명이 바뀝니다.
그것은 단순한 외적 행위의 변화가 아니며
내적 동기와 성향의 변화입니다.

그러므로 당신을 바꾸기 위하여 수준 높은 미용실을 찾아다
니지 마십시오.
비싼 올리브유를 첨가하지 마십시오.
그저 단순히 주님을 바라보십시오.
스트레이트파마를 하지 않아도
마스크를 쓰지 않아도
주님은 자연스럽게 우리를 변화시키십니다.
주를 바라보지 않는 영혼은 많은 방법을 가지고 있으나
주를 의뢰하는 영혼은 단순하여 아무런 방법이 없으며
그저 조용히 주를 구함으로써
많은 열매들을 경험하게 되는 것입니다.

9. 삭개오의 시력은?

삭개오가 다니던 학교에서 어느 날 시력검사를 하게 되었습니다.
학생들이 차례로 시력을 검사하다가 삭개오의 차례가 되었습니다.
담임선생님이 삭개오에게 물었습니다.
"삭개오야.. 너 눈이 몇이지?"
삭개오는 떨떠름하게 대답했습니다.
"제 눈이요.. 두개인데요.."
선생님은 짜증이 나서 다시 물었습니다.
"아니, 그러니까 눈이 얼마냐고.."
삭개오는 더욱 떨떠름하게 대답했습니다.
"저, 눈.. 안 파는데요.."

* 눈이 얼마냐, 몇이냐.. 하면 1.0, 0.8 이런 식으로 우리는 습관이 되어 있습니다. 언어의 함정에 빠져버린 것이지요.
우리는 기독교의 개념, 언어에 대해서도 비슷한 함정에 빠져 있습니다. 천편일률적인 몇 개의 질문과 몇 개의 정답을 가

지고 있습니다. 우리는 주님의 사랑, 은혜, 그 모든 것들을 단순한 몇 가지의 지식이나 단어로 만들어버립니다.

그러나 한번 주님의 사랑을 경험할 때, 그의 실제적인 임재를 누릴 때 우리는 그 모든 단어들이 살아 움직이는 것을 알게 될 것입니다.

우리는 언어의 함정에서 벗어나 실제의 생명을 누리고 맛보게 될 것입니다.

10. 무서운 보너스

어떤 남자가 여대 앞에서 펀치머신을 발견했습니다. 주위에 뺑 둘러 구경하는 예쁜 여대생들….
멋진 모습으로 뽐을 내고 싶었던 남자는 당당하게 동전을 기계에 넣고 있는 힘을 다해 주먹을 내리꽂았습니다.
그런데 그 순간 갑자기 남자의 주먹에서 뚝! 소리가 났습니다. 지나치게 힘을 준 나머지 뼈에 문제가 생긴 모양이었습니다.
남자는 아파서 죽을 지경이었지만 옆에서 초롱초롱 빛나는 눈으로 쳐다보고 있는 여대생들을 실망시킬 수 없었기에 남은 한 번 더 죽을힘을 다 해 주먹을 내리쳤습니다.
남자는 이제 끝났다고 생각하고 한숨을 돌렸으나 그 순간 머신에서 낭랑한 기계음이 들렸습니다.
"뚜루루~ 뚜루루~ 뚜루루루~ 보너스~ 한 번 더!"

* 남에게 잘 보이려고 하는 욕망은 많은 경우에 우리를 부자유하게 합니다. 덕을 세운다고 하면서 남의 눈치를 보는 소심한 그리스도인들도 많이 있습니다. 자존심이나 체면 때문

에 고생하는 이들도 많이 있습니다. 그것은 자유로운 삶이 아닙니다.

우리는 타인의 시선으로부터 자유롭게 되어야 합니다.

원하지 않은 일을, 주님의 인도하심과 감동이 없이 다른 사람들의 시선 때문에 해서는 안 됩니다. 오직 주님의 시선만을 의식할 때 우리는 진정 자유로운 사람이 될 것입니다.

11. 된장의 소원

된장은 마음이 몹시 약했습니다.
그래서 고추장과 싸우면 항상 졌습니다.
된장은 너무 속이 상해서 하나님께 기도를 했습니다.
"하나님.. 저는 너무 쌈을 못해서 항상 져요.. 그러니까 쌈을 잘하게 해주세요..."
하나님은 그의 기도를 들어주셨습니다.
그래서 된장은 쌈장이 되었습니다.

* 마음이 선하지만 담대하지 못한 이들이 있습니다.
이들은 주님을 사랑하지만 전쟁을 좋아하지 않습니다. 다른 이들과 부딪치는 것을 두려워하며 어려움에 처하는 것을 두려워합니다.
그러나 우리가 좋아하든 싫어하든 간에 신앙에는 전쟁이 있습니다. 고난이 있고 싸움이 있으며 마귀의 공격이 있습니다. 우리는 그것을 피할 수 없습니다.
초식동물들이 피켓을 들고 시위를 하면서 야만적인 육식을 금하자고 외친다고 합시다.

그러나 아무리 외쳐봤자 육식동물이 존재하는 한 초원에는 평화가 없을 것입니다. 그들의 속성은 바뀌지 않기 때문입니다.

영적인 세계에는 악한 영들이 존재합니다. 그리고 그들이 존재하는 한 평화가 있을 수 없습니다.

오직 권능을 얻고 그들을 제압할 수 있을 때 우리는 평화를 얻을 수 있는 것입니다. 그러므로 주님은 우리에게 사랑을 주시며 또한 담대함과 권능을 주셔서 우리가 승리의 삶을 살도록 도우시는 것입니다.

사랑을 위하여 조용히 주님을 묵상하며 그분을 마시십시오.
권능을 위하여 큰소리로 기도하며 외치십시오.
사랑과 섬김으로 주님을 예배하며 성도들과 교제하고 또한 권능과 능력으로 악한 영들을 결박하고 그들의 진을 파괴함으로 우리는 아름답고 풍성한 삶을 누릴 수 있게 되는 것입니다.

12. 융통성이 있어야..

삭개오가 회사에 취직을 하려고 면접을 보러 갔습니다. 그런데 삭개오는 눈치가 없어서 면접을 잘 볼 수 있을지 걱정이 되었습니다.
마침 같이 면접시험을 보게 된 사람 중에 예지라는 똑똑한 친구가 있었습니다.
예지는 걱정하는 삭개오에게 말했습니다.
"삭개오야, 걱정 말아. 내가 먼저 면접을 한 다음에 정답을 말해줄 테니 너는 다 외워서 그대로 말하면 돼."

똑똑한 예지가 먼저 면접실에 들어갔습니다.
면접관이 물었습니다.
"한국에서 축구를 가장 잘 하는 사람이 누구라고 생각하는가?"
예지는 자신있게 대답했습니다.
"전에는 차범근이었지만 지금은 박지성이라고 생각합니다."
면접관은 다시 물었습니다.
"지금껏 본 영화중에서 가장 좋아하는 주인공은 누구인가?"

예지는 씩씩하게 대답했습니다.
"슈퍼맨입니다."
면접관은 마지막 질문을 했습니다.
"U.F.O 가 있다고 생각하는가?"
역시 예지는 거침없이 대답했습니다.
"물론 그렇게 주장하는 사람들이 많이 있습니다. 그러나 확실한 증거도 없이 떠도는 말만으로 단정을 지을 수는 없다고 생각합니다."

성공적으로 답변을 마친 예지는 정답을 삭개오에게 이야기해주었고 삭개오는 그것을 열심히 외웠습니다.
삭개오가 면접실에 들어가자 면접관이 물었습니다.
"자네 이름이 뭔가?"
삭개오는 외운 대로 대답했습니다.
"전에는 차범근이었지만 지금은 박지성이라고 생각합니다."
면접관은 어처구니가 없다는 듯이 삭개오를 쳐다보더니 다시 물었습니다.
"자네 아버지는 도대체 뭐하시는 분인가?"
역시 삭개오는 열심히 대답했습니다.
"슈퍼맨입니다."
면접관은 삭개오를 한참동안 바라보았습니다.

그러더니 다시 물었습니다.
"자네, 바보 아닌가?"
삭개오는 역시 충실하게 준비한 답변을 했습니다.
"물론 그렇게 주장하는 사람들이 많이 있습니다. 그러나 확실한 증거도 없이 떠도는 말만으로 단정을 지을 수는 없다고 생각합니다."
당연히 삭개오는 면접시험에 떨어지고 말았습니다.

* 삭개오의 이러한 대답들.. 상대방의 의문이나 관심사나 영적 상태에 상관없이 내가 알고 있는 이야기만 계속 늘어놓는 것은 오늘날 복음을 전하는 이들이 흔히 저지르는 잘못입니다.
정답만 달달 외운 삭개오가 면접시험에 낙방했듯이 몇 가지의 개념만을 달달 외우고 훈련받은 복음전도자들은 별로 열매를 맺지 못할 것입니다.
복음전도자들은 좀 더 영적으로 깊어지고 지혜롭고 예민해져야 합니다. 그래서 상황에 따라 적절하고 융통성 있게 말하고 대처할 수 있을 때 그들은 좋은 열매를 맺을 수 있게 될 것입니다.

13. 삭개오가 시험에 떨어진 이유

입사시험에 떨어진 삭개오는 직장을 구하기 위해서 다른 회사에서 시험을 치게 되었습니다.
시험 날 걱정하면서 시험장으로 들어갔는데 감사하게도 공부를 잘하는 예준이가 옆자리에서 같이 시험을 치는 것이었습니다.
너무 기쁜 삭개오는 예준이의 답안지를 열심히 베꼈습니다.
시험이 끝난 후 삭개오는 예준이에게 시험을 잘 쳤느냐고 물어보았습니다.

시험문제는 모두 10문제였습니다.
똑똑한 예준이는 고개를 갸웃거리며 대답했습니다.
"한 문제 틀렸어. 모르는 게 나왔거든."
삭개오는 마음이 뿌듯해졌습니다.
90점이면 합격할 것이라고 생각했습니다.
이윽고 성적 발표 날이 되었고 예준이와 삭개오는 둘 다 90점을 맞았습니다.
삭개오는 너무 행복했습니다.

그러나 합격자 명단을 보니 예준이는 합격이 되었고 삭개오는 떨어지고 말았습니다.
삭개오는 화가 나서 주최측에 가서 따졌습니다.
"여보시오. 왜 똑같이 90점을 맞았는데 누구는 붙여주고 누구는 떨어뜨리는 거요?"
심사위원은 시험지를 비교해보더니 이렇게 말했습니다.
"삭개오씨와 예준씨 - 두 분 다 7번이 틀렸어요.
그런데 예준씨는 '잘 모르겠습니다.' 라고 썼고 삭개오씨는 '저도 마찬가지입니다.' 라고 썼어요. 그러니 떨어지는 것이 당연하지요."

* 똑같이 말하고 똑같이 행동한다고 해서 열매가 같은 것은 아닙니다. 중요한 것은 어떤 행동 자체가 아니라 그 행동의 근원이기 때문입니다.
어떤 이는 같은 행동을 하지만 습관이나 다른 동기로 하고 어떤 이는 사랑의 영으로 할 수 있습니다.
그럴 경우 같은 행동도 다른 열매를 맺게 되는 것입니다.
중요한 것은 행동의 모방이 아니라 그 내면과 중심의 영에 달려있습니다.
우리는 단순히 그리스도의 행동을 모방해서는 안 됩니다. 우리는 그리스도의 영을 받아야 합니다.

그리하여 내면과 중심의 영이 달라질 때 우리의 모든 것은 달라집니다. 겉보기에는 같은 행동을 하는 것 같지만 우리는 전혀 다른 생명과 사랑의 영으로 움직이고 행동할 수 있게 되는 것입니다.

14. 어설픈 위로자

못생긴 감이 있었습니다. 이 감은 마음이 착했지만 피부가 거칠어서 친구인 고구마가 항상 감자라고 놀렸습니다.
감은 너무 상처를 많이 받아서 나중에는 감자 노이로제에 걸렸습니다.
감은 치료를 받으려고 병원에 갔습니다. 감을 진찰하던 의사는 감에게 말했습니다.
"감씨, 당신은 심각한 노이로제에 걸렸어요. 그래서 이제 한 번만 다른 이들이 당신을 감자라고 부르면 당신은 죽게 됩니다. 그러니 당분간 외출하지 말고 집에서 조용히 쉬세요."
감은 걱정이 되어서 집으로 돌아왔습니다.

그 이야기는 친구들에게 알려졌습니다. 친한 친구인 고구마는 그 이야기를 듣고 너무 마음이 아팠습니다.
그래서 그는 다시는 감을 감자라고 부르지 않기로 결심했습니다. 그는 감을 위로하기 위해서 감의 집에 찾아갔습니다. 그리고 감을 불렀습니다.
"감!"
그러나 감은 대답이 없었습니다.

"감.. 감.!"
그러나 감은 계속 침묵을 지키고 있었습니다.
고구마는 궁금함을 참지 못하고 말했습니다.
"감, 자냐?"
그래서 결국 감은 죽고 말았습니다.

* 고구마는 감을 위로하려고 했지만 오히려 감을 죽이고 말 았습니다. 이러한 이들은 어설픈 위로자라고 할 수 있을 것입니다.

오늘날 이러한 어설픈 위로자가 참으로 많습니다.

이들은 남을 돕기 원합니다. 그러나 어떻게 도와야 할지 알지 못하며 기껏 돕는다는 것이 오히려 상처를 주게 되는 경우도 있는 것입니다.

위로란 행위가 아니라 삶이며 인격이며 마음 중심의 사랑에서 나오는 것입니다.

아직 영혼이 어리고 성숙하지 못한 사람은 남을 위로하는 것이 어렵습니다. 그러므로 충분히 남을 섬기고 돕는 사람이 될 수 있도록 우리는 성장과 발전을 간절히 사모해야 하는 것입니다.

15. 금이 간 젓가락

어떤 남자가 중국집에 가서 자장면을 시켰습니다.
그런데 자장면을 먹으려고 하는데 젓가락이 하나밖에 없는 것이었습니다.
배가 몹시 고팠던 이 사람은 화를 내면서 말했습니다.
"이것 보세요! 왜 이 집에서는 젓가락을 한 개 밖에 안주는 거요!"

젓가락의 가운데는 길게 금이 가 있었습니다.
남자는 더욱 화를 내면서 젓가락을 던져 버렸습니다.
"그나마 가운데는 금까지 갔잖아!"

* 우리가 하는 대부분의 불평은 이 남자가 하는 불평과 거의 비슷합니다. 젓가락의 금을 따라서 두개로 만들어서 먹으면 되는데 그것을 모르니 불평하는 것입니다.
우리에게 주어진 불편함과 고통은 대부분 우리의 무지에서 기인하는 것입니다.

우리의 눈이 열릴 때 우리는 그 모든 어려움들이 모두 우리의 성장을 위하여 준비된 것임을 알게 될 것입니다.
바르게 깨달을 때 우리는 진정 감사하게 될 것이며 더 이상 불평하거나 도피하지 않게 될 것입니다.

16. 새인가, 벌레인가 그것이 문제다

게으른 학생들에게 교훈을 주기 위해서 선생님이 말했습니다.
"여러분, 일찍 일어나는 새가 벌레를 잡는다는 속담이 있어요. 그게 무슨 의미일까요?"

똑똑한 예지가 손을 들고 대답했습니다.
"선생님, 그건 부지런한 사람이 성공을 한다는 뜻입니다."
선생님은 흐뭇하게 말했습니다.
"예! 맞았어요. 아주 잘 말해주었습니다."

그런데 철학자 기질이 있는 예준이가 손을 들고 질문을 했습니다.
"선생님, 그러면 일찍 일어나는 벌레는 새한테 잡아먹히겠네요?"

* 중요한 것은 당신이 일찍 일어나느냐 아니냐가 아니고 당신이 새냐, 벌레냐 하는 것입니다.

당신이 새라면 일찍 일어나면 벌레를 잡을 것이고 당신이 벌레라면 일찍 일어나면 죽습니다.
어떤 이는 열심히 노력해서 잘되고 어떤 이는 노력을 할수록 일이 꼬입니다.
행위는 중요한 것이지만 더 중요한 것은 당신의 영적인 수준과 상태이며 당신의 행위가 주님의 손에 붙들려야 한다는 것입니다.

아프리카의 초원에 태양이 떠오르면 사자는 달리기 시작합니다.
사슴도 달리기 시작합니다.
사자는 가장 빠른 사슴보다 더 빨리 뛰어야 굶어죽지 않습니다.
사슴은 가장 빠른 사자보다 더 빨리 뛰어야 잡아먹히지 않습니다.
모두가 먹으려고 뛰고 먹히지 않기 위해서 뛰고 또 뛰지만 내면의 주를 따라가는 자의 영혼은 항상 안전하고 평온한 것입니다.

17. 떡이 된 사람

어느 마을에 바보 삼형제가 살았습니다.
그들은 항상 바보짓을 해서 바보취급을 받았기 때문에 늘 속이 상했습니다.
그런데 어느 날 그들에게 좋은 기회가 생겼습니다. 그들이 살고 있는 마을 뒷산의 큰 바위 앞에서 큰 소리로 자기의 소원을 외치면 이루어진다는 이야기를 들었던 것입니다.
바보들은 신이 났습니다.
먼저 첫째 형이 뒷산으로 갔습니다.
그는 큰 바위 앞에서 큰 소리로 외쳤습니다.
"나는 슈퍼맨이 되었다!"
그러자 그는 정말로 슈퍼맨이 되었습니다.
첫째 형은 신이 나서 집으로 돌아왔습니다.

그것을 보고 이번에는 둘째 형이 뒷산으로 갔습니다.
그리고 바위 앞에서 크게 외쳤습니다.
"나는 울트라맨이 되었다!"
그리고 그도 울트라맨이 되었습니다.
둘째도 신이 나서 집으로 돌아왔습니다.

막내도 즐거운 마음으로 뒷산에 갔습니다.
그도 바위 앞에서 큰 소리로 외쳤습니다.
"나는 배트맨이 되고 싶다!"
그런데 이상하게도 아무 일도 일어나지 않았습니다.
막내는 속이 상해서 다시 한 번 더 큰소리로 외쳤습니다.
그러나 여전히 아무 일도 생기지 않았습니다.
막내는 기분이 나빠져서 투덜거렸습니다.
"나, 완전히 떡 됐네."
그리고 그 날 이후 마을에서 막내를 본 사람은 없었습니다.

* 믿음은 보이는 것이 아닙니다. 그것은 하나님의 약속에 근거하는 것입니다.
보이는 환경, 보이는 내 모습은 우리를 속일지 모르지만 주님은 우리가 이미 구원되었다고 하십니다. 이미 우리를 일으키셨으며 이미 우리의 영혼을 하늘에 앉히셨다고 하십니다. (엡2:5,6) 믿고 구한 것은 이미 받은 줄로 믿으라고 말씀하십니다. (막11:24)
그러므로 믿음은 우리가 바라보아야 하는 소망입니다.
또한 보이지 않지만 이미 이루어진 것들을 누리고 기뻐하고 신뢰하는 것입니다. 그러므로 '이미 되었다' 는 믿음과 고백이 놀라운 역사를 일으키는 것입니다.

18. 지하철은 무엇으로 가는가?

어떤 아가씨가 지하철을 타고 가고 있는데 옆에 앉아있는 꺼병한 청년이 아가씨에게 물었습니다.
"이 차, 기름으로 가요?"
아가씨는 기가 막혀서 그 청년을 처다보았습니다. 청년은 방금 시골에서 올라온 듯 어수룩해 보였습니다.
아가씨는 톡 쏘아붙였습니다.
"그것도 모르세요? 이 차는 전기로 가요!"
그녀는 전철에서 내렸습니다. 그녀는 밖으로 나오다가 자기가 실수한 것을 깨달았습니다. 그녀가 내린 역의 이름은 '길음역'이었던 것입니다.

* 사람을 외모로만 보고 판단하지 마십시오.
우리는 너무 자주 우리의 선입견으로 사람을 판단하며 실수를 하곤 합니다.
주님께 속한 사람이 되기 위하여 우리는 범사에 우리가 아닌 주님의 시각과 관점으로 보고 듣고 생각하는 훈련을 해야 합니다. 그 때 우리는 좀 더 깊고 아름답고 지혜로운 사람이 될 수 있을 것입니다.

19. 유일하게 행한 착한 일

어떤 남자가 죽어서 하늘나라로 갔습니다. 천사가 그를 맞이하고는 그에 관련된 기록이 담긴 책을 살펴보았습니다. 그러더니 말했습니다.
"이봐, 자네는 어떻게 살아가면서 한 번도 착한 일을 한 적이 없나?"
남자는 억울한 듯이 말했습니다.
"무슨 말씀을 그렇게 하십니까? 저도 좋은 일을 했다구요."
천사가 다시 물었다.
"어떤 일을 했는데?"

그는 기분이 좋아져서 말했습니다.
"제가 길을 가고 있는데요. 조폭 같이 생긴 나쁜 놈들이 연약한 아가씨를 괴롭히고 있더군요. 그래서 무섭기는 했지만 용감하게 가서 외쳤습니다.
'야, 이놈들! 그만 두지 못해!' 라고요. 그러자 그놈들 대 여섯 놈이 나를 둘러싸더군요. 막대기와 쇠사슬을 쩔그렁거리면서요. 하지만 저는 전혀 겁을 먹지 않고 주먹을 우두둑 꺾으며 씨익 웃었지요.."

천사는 궁금해져서 물었습니다.
"그래서, 어떻게 되었지?"
남자는 대답했습니다.
"어떻게 되긴요.. 그게 바로 5분전 이야기입니다.. 그래서 여기로 왔지요.."

* 두려운데 두렵지 않은 척 하지 말며 감동이 오지 않는데 억지로 애쓰지 마십시오. 두려우면 도망을 치며 가능하면 주님의 감동을 기다리십시오.
주님은 우리를 우리의 수준과 분량만큼 인도하십니다. 그러므로 자연스럽게 주님의 인도하심을 기다려야 하며 억지로 하는 것은 좋은 열매를 맺을 수 없습니다.

소심한 사람이 큰소리치는 것이나
분수를 모르고 함부로 나서는 것은 어리석은 일이며
주님의 허락하신 분량 속에서
한 걸음씩 움직이는 것이 좋은 것입니다.
주님이 인도하시는 분량 안에는 평안과 기쁨이 있으며
그렇게 자연스럽게 나아갈 때 우리는 아름다운 결실을 기대할 수 있는 것입니다.

20. '도대체'를 어디서 배웠지?

우리 딸 예원이가 4살 때 한동안 '도대체' 라는 말을 많이 쓰던 때가 있었습니다.
예원이는 그 말이 재미가 있었는지 모든 말에 '도대체' 를 사용하였습니다.
"도대체 엄마는 어디 간 거야?"
"도대체 아빠는 어디 있지?"
"도대체 왜 밥을 안 주는 거야?"
"도대체 어디 가는 거야?"
그 말을 도대체 어디서 배웠는지는 모르지만 우리는 아무튼 재미가 있어서 예원이를 흉내 내면서 그 말을 따라 하기 시작했습니다.
"예원아, 세수를 해야지. 도대체 얼굴이 그게 뭐니?"
"예원아, 도대체 왜 밥을 안 먹는 거니?"

그런데 문제가 생겼습니다.
'도대체' 라는 말을 하도 많이 쓰다 보니 나중에는 '도대체' 라는 의미가 뭔지 헷갈리기 시작했습니다. 그래서 나중에는 아무 데나 도대체가 막 들어가기 시작했습니다.

"아.. 도대체 졸립다."
"여보.. 도대체 밥 줘요.."
"도대체 조금만 기다리세요.."
나는 깨달았습니다. 어떤 용어를 너무 많이 쓰다보면 나중에는 그 용어 자체에 익숙해져서 그 의미를 잃어버리고 그저 습관적으로 사용할 수 있다는 사실을 말입니다.

* 우리는 복음에 대하여, 하나님의 은혜와 사랑에 대하여 많이 듣고 이야기합니다. 그런데 우리는 그 단어에 이미 익숙해지고 길들여지고 있는 것은 아닐까요?
하나님이 우리를 사랑하신다는 것..
우리를 용서하시며 우리와 함께 하신다는 것..
정말 너무나 놀랍고, 너무나 기가 막힌 것이 정상인데
아무런 감격도 없이 그저 당연한 것으로 여기고 있는 것은 아닐까요?
너무나 익숙해져버린 은혜와 진리에 대한 언어의 홍수 속에서 우리는 그 의미와 감격을 잃어버리지 말아야 할 것입니다.

21. 누가 미친 사람인가?

한 사나이가 차를 몰고 고속도로를 달리고 있었습니다. 그런데 그날따라 이상하게 차들이 반대방향에서 계속 오는 것이었습니다.
이 사나이는 몇 번이나 반대편에서 오는 차와 부딪칠 뻔 했으나 간신히 충돌을 피하고 달리고 있었습니다.
그런데 갑자기 '띠리릭..' 하고 핸드폰이 왔습니다.
사나이가 전화를 받으니 아내가 집에서 거는 전화였습니다.

아내는 급한 목소리로 말했습니다.
"여보.. 방금. TV 뉴스를 봤는데요.. 당신이 가고 있는 고속도로에서 웬 미친 사람 한 사람이 도로를 거꾸로 달리고 있대요. 당신 부딪치지 않도록 조심하세요.."

사나이도 급한 목소리로 대답했습니다.
"미친놈 하나가 도로를 거꾸로 달리고 있다고? 아니, 지금 미친놈이 한 둘이 아니야. 위험하니까 얼른 끊어!"

* 어떤 이들은 세상의 모든 것들이 다 잘못되었다고 말합니다. 모든 이들이 다 잘못되었다고 말합니다.
자기 혼자만 바르게 가고 있다고 말합니다. 그래서 자기는 피곤하며 삶이 고독하다고 말합니다.
어떤 이는 대부분의 설교는 다 잘못되어 있으며 대부분의 교회는 다 잘못되었다고 말합니다.

하지만 그것은 위험한 생각입니다.
만약 자신이 보기에 모든 것이 잘못되어 있고 모든 것들이 거꾸로 가고 있는 듯이 보이며 오직 자신만이 진리를 알고 있고 자신의 생각만이 옳다고 느껴진다면 그러한 이들은 자신이 과연 바른 위치에 있는지, 제대로 달리고 있는지 자신을 돌아볼 필요가 있습니다.

정말 모든 것이 잘못되어 있는지,
아니면 고속도로의 그 사나이처럼
본인이 거꾸로 달리고 있는 것은 아닌지,
자신의 눈이 병들어 있는 것은 아닌지..
돌아보아야 하는 것입니다.

22. 무엇에 미쳐야 하는가?

음악 선생님이 학생들에게 피아노를 가르치고 있었습니다.
학생들과 선생님 모두 피아노 앞에 앉아 있었지요..
선생님이 말했습니다.
"자, 여러분. 내가 한음씩 피아노를 치면 따라서 쳐야한다.
알았지?"
학생들은 "네~" 하고 대답했습니다.

선생님이 먼저 〈도〉를 쳤습니다.
학생들도 따라서 〈도〉를 쳤습니다.
선생님이 다음에 〈레〉를 쳤습니다.
학생들도 따라서 〈레〉를 쳤습니다.
그런데 선생님이 〈미〉를 치려고 하는데
어떤 학생이 먼저 〈미〉를 치고 말았습니다.

선생님은 화가 났습니다.
그래서 외쳤습니다.
"지금, 미친 놈 누구야?"
학생 하나가 손을 들고 대답했습니다.

"제가 미쳤는데요.."
선생님은 화가 나서 따졌습니다.
"왜 미쳤어?"
"그냥 미치고 싶었어요."
"내가 먼저 미쳐야지 왜 네가 먼저 미쳐?"
선생님은 기분이 상해서 계속 학생을 다그치고 있었습니다.

* 오늘날 모든 사람들은 다 미쳐있는지도 모릅니다.
돈이든 명예든 사랑이든
무엇인가 하나에는 다 미친 것 같습니다.
어차피 우리가 미칠 수밖에 없다면
이왕이면 예수께, 복음에 미치는 것이 어떨까요?
그것은 진정 아름다운 열광이며
미쳐야할 가치가 충분한 것이기 때문입니다.

23. 아이들의 눈

예원이가 여섯 살 때 하루는 집으로 친구를 데리고 와서 놀았습니다. 우리 집에서 놀다가 재미가 없는지 그 친구 집으로 놀러 갔습니다.
그런데 얼마 후에 다시 혼자 집으로 왔습니다.
그래서 예원이에게 물었습니다.
"예원아.. 왜 빨리 왔어?"
예원이는 씩씩거리며 말했습니다.
"그 집 할머니가 시끄럽다고 쫓아냈어.."
예원이는 툴툴거리며 말했습니다.
"애들이 다 그러면서 크는 거지 시끄럽다고 쫓아내다니.."
예원이는 화가 났지만, 여섯 살짜리의 어른스러운 말에 우리는 웃음을 참을 수가 없었습니다.

* 애들을 우습게 알지 마십시오.
그리고 그들을 함부로 대하지 마십시오.
그들은 생각 이상으로
상당히 많은 것들을 알고 있습니다.

그들은 천사입니다.
나는 아주 마음이 상하고 지쳤을 때
예원이를 잠깐만 안아줌으로써
바로 심령이 새롭게 회복된 적도 있었습니다.
나는 아이를 안아줄 때 어린아이들이 가지고 있는 신선하고 맑은 영을 통해서 내 영혼이 곧 새롭게 되는 것을 느낄 수 있었습니다.

아이들은 아름다운 존재이며
그들에게는 항상 천사들이 지키고 있습니다.
그러므로 아이들을 접대하며 사랑하는 것은
곧 주님을 사랑하며 접대하는 것이며
아주 쉽게 우리의 영혼이 천국과 접촉하는 길이 되는 것입니다.

24. 구두가 문제야!

어떤 교회에 한 열성적인 형제가 있었습니다.
이 형제는 모든 예배에 빠짐없이 참석했으며 항상 맨 앞자리에 앉아서 예배를 드렸습니다.
이 형제는 예배에 참석만 하는 것이 아니라 목사님이 설교를 하실 때 감동이 되는 장면에서는 큰 소리로 "할렐루야" 또는 "아멘!" 하고 외쳤습니다.

설교에 긍정적인 반응을 보이는 것은 좋은 일이기는 했지만, 목사님은 아주 조용하고 얌전하신 분이어서 설교 도중에 이 형제가 큰 소리로 소리를 지르면 그만 설교의 내용을 다 잊어먹게 되어 몹시 난처했습니다.
목사님은 이 형제에게 제발 예배시간에는 속으로만 아멘을 하라고 이야기를 하였고 형제는 끄덕거렸습니다.

그러나 막상 예배를 시작하면 이 형제는 그 약속을 까맣게 잊어버리고 큰 소리로 "할렐루야!", "아멘!"을 외쳤고 때로는 자리에서 일어서서 손을 높이 들고 외치기도 했습니다.
목사님은 이 형제 때문에 노이로제에 걸릴 지경이었습니다.

그래서 이 형제를 맨 뒤 좌석에서 예배를 드리도록 했습니다. 그러자 이번에는 맨 뒤 자리에서 "할렐루야!" 소리가 우렁차게 들려와 온 교회당에 가득하게 되는 것이었습니다.
고민하다 못해 목사님은 이 형제에게 한번만 조용히 예배를 드려주면 구두를 주겠다고 약속을 했습니다.
이 형제는 몹시 가난한 형제였고 구두가 너무 낡았지만 구두를 살 돈이 없었습니다.
형제는 심각하게 이야기를 듣더니 고개를 끄덕거렸습니다.

그 다음 주일, 목사님은 안심하고 예배를 인도하려고 강단에 섰습니다.
그리고 설교를 하면서 주님의 은혜와 사랑을 전하기 시작했습니다. 그 순간 교회당 전체에 우렁찬 소리가 울려 퍼졌습니다.
"할렐루야! 할렐루야! 구두가 문제야? 나, 구두 필요 없어! 할렐루~야!"

* 영국에서 있었던 실화이지요.
주님의 은혜가 우리에게 와 닿는다면
구두가 문제겠습니까?
아니, 구두뿐만이 아니라

돈이든, 명예든, 권세든, 사랑이든..
그 무엇이 문제가 되겠습니까?
살든지 죽든지
우리 몸 안에서
주님만이 존귀케 되는 것
오직 그것만이 중요한 문제인 것입니다.

하지만 이 예화와는 아주 다른,
너무나 조용하고 잠잠한 우리들의 예배들..
지금은 오히려 떠들며
할렐루야를 외치며 예배를 드리는 이들에게
구두를 주고 싶은 마음입니다.

25. 붕어의 비밀

바다의 왕 고래가 몹시 중한 병에 걸렸습니다. 그래서 피가 많이 모자라게 되어 헌혈이 필요했습니다.
많은 의리 있는 물고기들이 헌혈을 했습니다. 그런데 평소에 고래와 친하게 지내던 붕어가 끝까지 헌혈을 하지 않는 것이었습니다.
그래서 다른 물고기들이 의아해서 물었습니다.
"얘, 너는 평소에 고래 형님하고 친하게 지냈잖아. 그런데 이렇게 위기 상황에서 모른 척 할 수 있어?"

그러자 붕어의 얼굴이 점점 창백해지더니 기어드는 목소리로 말하는 것이었습니다.
"사실은, 비밀이 있는데..
나는 붕어가 아니고 붕어빵이야..
그래서 줄 피가 없어.."

* 붕어빵이 겉보기에는 붕어처럼 보이지만
속에는 붕어의 피가 없듯이

어떤 이들은 외형적으로 신앙을 가지고 있는 듯이 보이지만
그 심령 속에 주님의 보혈의 경험이 없습니다.
그들은 주의 피를 모르며 십자가를 모릅니다.
그러기에 그들의 삶에는 죄에서의 해방과 자유함이 없습니다.

보혈을 알지 못하는 신앙은 신앙이 아니고
일종의 윤리 도덕과 같은 것입니다.
우리의 죄를 씻어주며
모든 저주에서 우리를 자유케 하는 주의 보혈이
우리 안에서 역사할 때
우리는 모든 것이 새로워지며
외적인 그리스도인이 아닌
진정한 그리스도인이 될 수 있는 것입니다.

26. 엄마를 도와주는 방법

유치원에서 선생님이 아이들에게 말했습니다.
"여러분, 우리를 위해서 수고하시는 엄마를 어떻게 도와 드려야 할까요? 한 사람씩 이야기를 해 볼까요?"
아이들은 한 사람씩 손을 들고 이야기를 합니다.
"저는요.. 설거지를 도와 드릴 거예요."
선생님은 칭찬해줍니다.
"참 좋아요."
다른 아이도 말합니다.
"전요, 방을 닦아 드릴 거예요."
선생님은 또 칭찬합니다.
"아주 좋아요. 또 다른 사람?"
장난꾸러기 지인이가 손을 들고 말했습니다.
"전 가만히 있을 거예요."
선생님이 물었습니다.
"왜 가만히 있어요? 엄마를 도와드리지 않고?"
지인이가 대답했습니다.
"엄마가 그러는데요, 저는 가만히 있는 게 엄마를 도와주는 거래요."

* 우리는 나름대로 주님을 돕기 위해서 많은 일들을 합니다. 하지만 세월이 흐르고 우리의 영이 자란 후에 그 모든 일들을 돌이켜보면 오히려 그러한 일들이 주님을 아프고 괴롭게 한 것을 깨닫게 되지는 않을까요?

바울은 열정을 가지고 있었지만 다메섹에서 빛을 받기 전까지 그가 했던 모든 일은 주를 대적하는 일이었습니다.

모세는 자기 동족을 위하여 애를 썼지만 가시떨기나무에서 하나님을 뵈옵기까지 그의 일도 하나님께 도움이 되지 않았습니다.

우리는 우리의 일이 주님의 방해가 되지 않도록, 우리의 생명이 주님을 거스르지 않도록 두려워하며 기도해야 할 것입니다.

우리 자신의 생각과 힘으로 봉사하지 않고 오직 주님의 능력과 지혜로 움직이는 것을 사모해야 할 것입니다.

바울과 모세, 그리고 모든 성경의 위인들처럼 주님의 임재와 능력이 우리를 사로잡기 전까지 우리의 열심은 주님께 도움이 되지 않을 것입니다.

그러므로 우리는 진정 주님이 사용하시는 사람이 되기 위하여 오직 기도와 사모함으로 주님 앞에 나아가야 할 것입니다. 그리고 그것이 바로 주님을 돕는 길인 것입니다.

27. 높은 곳에서 보면

어느 고양이가 외출을 나갔다가 갑자기 동네 개들의 공격을 받았습니다. 여러 마리가 단체로 공격을 하는 것이었습니다. 고양이는 할 수 없이 마구 달아나다가 큰 나무 하나를 발견했습니다.
그래서.그 나무 위로 피신하여 올라갔습니다.
그러자 개들은 그 나무 아래서 고양이를 보면서 멍멍 짖었습니다. 고양이는 나무 위에서 아래를 내려다보면서 조용히 한 마디 했습니다.
"개판이구나. 순 개판이야."

* 높은 곳에 오르면 시야가 넓어지며 낮은 위치에서는 볼 수 없던 많은 것들이 보이게 됩니다.
전에는 크게 보이던 것들이 아주 작게, 그리고 보잘것없이 보입니다. 전에는 대단히 여겨 목숨을 걸었던 것들이 별로 대수롭지 않게 보입니다.
영적으로 좀 더 성숙하고 높은 곳으로 나아갈 때 우리의 생각도 성향도 소원도 모든 것들은 달라질 것입니다.

28. 엉망 가족

어떤 차가 신호 위반을 하다가 교통경찰에게 걸렸습니다.
경찰은 다가가서 차를 정지시키고 면허증 제시를 요구했습니다.
사나이는 손으로 머리를 긁으며 말했습니다.
"저.. 저는 면허가 없는데요.."
경찰은 놀랐습니다.
"아니.. 신호 위반에 무면허 운전이라니!"
옆자리에 앉아있던 사나이의 아내가 사정을 했습니다.
"한번만 봐 주세요. 이이가 평소에는 안 그래요. 오늘은 낮술에 좀 취해있어서 그래요."
경찰은 더 놀랐습니다.
"아니! 신호 위반에 무면허 운전에 음주 운전까지!"
뒷자리에 앉아있던 할머니가 말했습니다.
"훔친 차는 꼭 말썽이라니까.."

* 겉으로는 멀쩡해보여도 누구나 그 속에는 죄와 더러움으로 가득합니다. 그것이 바로 인간입니다.

우리는 자신의 속을 살피면 살필수록 점점 더 심각하고 비참한 모습을 발견하게 될 것입니다. 하나의 죄가 발견되면 이어서 또 다른 악들이 드러나게 됩니다.
자신을 선하고 옳은 자로 여기는 것은 아직 제대로 알지 못하고 있는 것입니다.

많은 선한 그리스도인들이 죄와 싸워서 승리하기를 원하지만 잘 이기지 못하며 그 어둠의 권세에서 벗어나지 못합니다. 그리하여 낙담하고 절망하는 이들이 적지 않습니다.
그러나 주님께 감사할지니,
우리가 우리의 시선을 주님께 돌릴 때 그분은 우리를 자유케 해주시며 우리의 영혼을 아름다움과 기쁨과 성결함으로 가득하게 해 주시는 것입니다.

29. 해병대 병사의 비애

해병대원들이 비행기에서 낙하 훈련을 받고 있었습니다.
교관이 외쳤습니다.
"자, 하나, 둘, 셋 하면 뛰어내린다. 하나, 둘, 셋, 뛰어내려!"
구령에 맞추어 한 사람씩 비행기에서 뛰어내렸습니다.
그런데 저 아래서 소리가 들려왔습니다.
"소대장니~임!"
소대장은 큰 소리로 대답했습니다.
"왜 불러~"
"낙하산이 안 펴집니다~"
소대장은 다시 큰 소리로 외쳤습니다.
"그럼, 다시 올라와~"

* 우리의 언어는 낙하산을 타고 뛰어내린 병사와 같아서
일단 한번 나가면 다시는 돌이킬 수 없습니다.
그러므로 우리는 말하는 것에 조심하고 또 신중을 기해야 합니다.
오늘날 우리가 별 생각 없이 토해내는 부정적이고 경솔하며

불신앙적인 언어가 얼마나 주님의 풍성하심을 제한하며 우리의 삶에 재앙과 고통을 가져 오는지요.
우리는 오직 아름답고 믿음이 충만한 입술의 고백을 주님께 드림으로써 이를 통하여 주님의 풍성하고 놀라운 역사하심이 우리의 삶에 넘치게 나타나기를 기대해야 할 것입니다.

30. 지각의 이유

예준이가 학교에 늦었습니다.
선생님이 물었습니다.
"예준아, 왜 늦었어?"
"예, 선생님. 학교 오다가요, 어떤 할아버지가 돈을 떨어뜨린 것을 보았어요."
"음.. 그럼 돈을 주워 드리느라고 늦었구나.."
"아니요. 그 할아버지가 가실 때까지 제가 돈을 계속 밟고 있었거든요."

* 나쁜 일을 하는 것도 좋은 일을 하는 것만큼이나 힘이 듭니다. 세상을 추구하는 것도 주님을 따르는 일 못지않게 힘이 듭니다.
어차피 고생하는 것은 같지만 그러나 주를 따르는 일에는
놀라운 보상과 영광이 있습니다.
내세에도 보상이 있으며 현세에도 우리의 심령 속에
놀라운 평안이 있는 것입니다.

31. 누가 문제인가?

어떤 단순한 아저씨가 친구에게 씩씩거리며 이야기를 하고 있었습니다.
"참 무서운 세상이야. 이제는 자식 놈들까지 애비에게 사기를 치려고 해요.."
친구가 걱정스러운 얼굴로 물었습니다.
"왜 아들이 무슨 사기를 쳤나?"
"아. 이놈이 글쎄, 노트북을 사야한다고 100만원을 달라지 뭔가. 애비가 공부를 제대로 못했다고 아주 바보로 알아요. 기껏 비싸봤자 3천 원이면 되는 걸 말이야. 그래서 정신이 들도록 신나게 두들겨 팼지."
친구도 끄덕거렸습니다.
"잘 했네. 그런 못된 버릇은 초기에 확실하게 잡아야 하네. 아주 잘 했어."

* 훈계와 가르침에는 사랑과 지혜와 지식이 필요합니다.
부족한 지식과 정보를 가지고 있어서는 바른 교훈과 도움을 줄 수가 없습니다.

많은 분노와 비난이 적지 않은 경우 부족한 정보와 이해의 부족에서 오기 때문입니다.
그러므로 장성한 그리스도의 사람들은 어린 그리스도인들을 돕기 위하여 풍성한 영성과 분별력과 지혜와 사랑에 있어서 계속 자라가야 할 것입니다.

32. 짖는 개와 무는 개

예지가 친구인 연지의 집에 놀러갔습니다. 그런데 그 집의 마당에서 엄청나게 큰 개가 왕왕 짖고 있었습니다.
예지는 너무 무서워서 집에 들어가지도 못하고 온 몸을 벌벌 떨고 있었습니다.
그러자 연지가 안에서 큰 소리로 외쳤습니다.
"예지야! 빨리 들어와! 이 개는 물지 않아. '짖는 개는 물지 않는다' 라는 속담이 있잖아!"
예지는 여전히 벌벌 떨면서 대답했습니다.
"그 속담은 나도 알아. 문제는 저 개가 언제 짖는 것을 멈추게 될지 바로 그게 무서운 거지."

* 짖는 개는 물지 않습니다.
그렇습니다. 겉으로 보기에 위협적인 것은 사실 그리 두려운 것이 못됩니다.
두려움을 일으키는 큰 사건들.. 그것은 사실 우리가 기도하며 주를 의뢰할 때 주님의 은혜로 넉넉히 이겨낼 수 있습니다.

그러나 오히려 대수롭지 않게 보이는 것들, 겉으로 잘 드러나지 않는 것들이 우리의 영혼을 해롭게 합니다.

사소하게 느끼는 습관적인 죄들,
주님께 묻지 않고 행하는 가벼운 언행들..
가벼운 게으름, 사소한 짜증, 작은 불순종들..
그와 같이 별로 문제가 되지 않는 것처럼 보이는 작은 것들이 우리의 영혼을 어둠 속으로 떨어지게 하는 것입니다.

33. 설교와 죽

목사님이 설교를 하시는데 그날따라 영 꼬이고 잘 되지 않는 것이었습니다.
간신히 예배 인도를 마치고 강단을 내려왔는데 평소에 목사님을 놀리는 것을 좋아하는 한 집사가 빙글 빙글 웃으면서 말했습니다.
"목사님.. 오늘 죽 쑤셨죠?"
열을 받은 목사님이 받아쳤습니다.
"예, 집사님이 몸이 좀 안 좋으신 것 같아서 죽을 쑤어 드렸지요."

* 모든 사람이 잘못을 하고 실수를 하지만 그것을 지적하는 것은 별로 좋은 일이 아닙니다.
우리는 서로의 약점을 사랑하고 격려함으로써 서로 발전하고 성장해가게 될 것입니다.

34. 결혼식과 장례식

어떤 목사님이 결혼식 주례다, 병원에 환자 심방이다, 장례식 인도다, 하고 너무 바쁘셔서 정신이 없었습니다.
그 날도 장례식 인도를 마치고 결혼식 주례를 하시러 결혼식장에 오셨는데 너무 피곤하셔서 자리에 앉아서 잠깐 졸게 되었습니다.
이윽고 결혼식을 시작하는 시간이 되어 정신을 차린 목사님은 일어나셨습니다.
그리고 결혼식을 시작하는 선포를 했습니다.
"에.. 지금부터 고 *** 군과 고 *** 양의 결혼식을 시작하겠습니다.."

* 사실 그 말은 잘못은 아닙니다. 진정한 그리스도인의 결혼식이라면 그 가정의 주인은 예수님이시므로 신랑 신부의 옛 사람은 죽어야 합니다.
그리하여 자신의 기분, 감정, 입장, 체면, 기질, 삶의 스타일과 습관들을 다 십자가에 넘기고 주님의 종으로, 배우자를 섬기는 자세로 자신을 내어줄 때 비로소 행복한 가정의 문은 열리는 것입니다. 오늘날 많은 가정들이 분쟁과 갈등에서 벗어나지 못하고 있는 것은 옛사람을 죽이지 않고 서로 섬김을 받기만을 원하기 때문입니다. 그래서 오늘날 행복한 가정을 보기가 어려운 것입니다.

그러므로 행복한 결혼을 위하여 진정한 옛사람의 죽음은 반드시 필요한 것입니다. 그렇기 때문에 결혼식을 '고 *** 군과 고 *** 양의..' 하면서 시작하는 것은 하나도 이상한 일이 아닌 것입니다.

35. 어디에나 존재하는 사오정

교회에서 연극공연을 하게 되었습니다.
한 꺼벙한 청년이 있었는데 이 청년에게도 배역을 주기 위해서 스데반에게 돌을 던지는 간단한 역할을 시키기로 했습니다.
예수님이 간음하다 잡힌 여인을 용서해주시는 장면이 나왔습니다. 사람들은 그녀를 돌로 치려고 손에 돌을 가지고 왔습니다.
주님은 "너희 중에 죄 없는 자가 먼저 돌로 쳐라"고 말씀하셨고 다들 마음이 찔려서 도망가고 있는데 이 꺼벙한 청년이 돌을 들고 열심히 달려오는 것이었습니다.

바리새인의 역할을 하던 청년이 말했습니다.
"야, 넌 아직 나올 때가 아니야. 지금 왜 나온 거야?"
그 꺼벙한 청년이 말했습니다.
"예? 저기, 저 사람.. 스데반 아닌가요?"
바리새인 청년은 혀를 차며 말했습니다.
"이 친구야, 스데반은 나오려면 아직 멀었어. 그리고 넌 남자, 여자도 구분 못하냐? 벌거벗은 스데반 봤어?"

* 언제나 어디에나 사오정은 있습니다.
우리는 어디서나 띨띨한 이들을 발견하게 됩니다.
하지만 그들을 돌로 치지 마십시오.

예수님의 제자들도 사오정 비슷한 인간들이었으며
그들은 동문서답의 표본 같은 사람들이었습니다.
주님께서 부족한 당신을 용서하시고 받아주신 것처럼
당신도 띨띨하고 부족한 이들을 축복하고 인내하며
그들의 이야기를 끝까지 들으려 애쓰십시오.
그것이 당신의 삶에 복을 쌓는 일이며
좀 더 풍성하신 주님의 자비에 이르는 길인 것입니다.

36. 에어컨이 없는 차

몹시 더운 여름날 어떤 남자가 아내와 같이 차를 몰고 가고 있었습니다. 그 차에는 에어컨이 없어서 아주 더웠습니다.
하지만 남자는 창문을 열지 않고 흐르는 땀을 닦으며 계속 운전을 하는 것이었습니다.
궁금한 아내가 물었습니다.
"여보.. 차안이 너무 더운데 왜 창문을 안 여는 거예요?"
남자가 대답했습니다.
"나도 더워. 하지만 창문을 열면 이 차가 에어컨도 없는 싸구려 차라고 남들이 생각할 거 아냐. 그러니 창피한 것 보다 더운 것을 참는 게 낫지."

* 남들에게 좋게 보이려고 자신을 꾸미는 것을 좋아하는 이들이 있습니다.
그러나 그러한 삶은 겉치레와 허영으로 가득한 삶이며 진정한 만족과 기쁨과는 거리가 먼 삶입니다.
그들은 항상 남의 시선에 신경을 쓰고 눈치를 보아야 합니다. 그것은 묶임과 눌림이 가득한 삶입니다.

신앙에 있어서도 어떤 이들은 남들의 평가를 중요하게 여깁니다. 그러나 남들에게 훌륭한 신앙인으로 인정받는 것보다 더 중요한 것은 실제로 영혼이 눈을 뜨는 것이며 주님을 가까이 아는 것입니다.

남들에게 훌륭한 신앙인이라고 인정을 받고 존경을 받지만 그의 속에 진정한 만족과 기쁨이 없으며 깊은 속에서 허무하고 비참하다면 그처럼 비극적인 일이 없을 것입니다.
우리는 우리 안에서 진정한 만족과 기쁨을 누릴 수 있어야 합니다.
주를 가까이 아는 이들은 아무도 그를 알아주지 않는다 해도 그 심령 가운데 항상 기쁨과 평안과 만족이 있으며 그로 인하여 항상 자유로운 삶을 누리게 되는 것입니다.

37. 여유 있는 사람

성품이 아주 예민한 사람이 있었습니다. 그는 비만 때문에 주위 사람들에게 많은 놀림을 받아서 많은 상처가 있었습니다. 의사가 그를 진단하더니 말했습니다.
"당신은 자신이 뚱뚱하다는 것을 너무 지나치게 의식합니다. 그 마음을 바꾸지 않으면 당신은 뚱뚱하다는 말을 하루에 세 번 이상 들으면 죽게 될 것입니다. 그러니 조심하든지 아니면 마음을 바꾸든지 하시오."

그 말을 듣자 이 예민한 사람은 더욱 더 걱정이 되었습니다. 그는 누가 뚱뚱하다고 말하지 않을까 걱정하면서 집으로 왔습니다.
집으로 가는 버스를 탔는데 운전기사가 그를 보더니 한숨을 쉬면서 말했습니다.
"뚱뚱한 사람이 탔군."
그는 속으로 가슴이 철렁했습니다. 그는 속으로 '한 번' 하고 세었습니다.
집에 도착했는데 집 앞에서 놀고 있던 아이들이 그를 보고 또 말했습니다.

"우와, 뚱뚱한 사람이다."
그는 속으로 '두 번' 하고 세면서 몹시 걱정이 되었습니다.

그는 오늘 하루를 무사히 넘기기 위해서는 정말 조심해야겠다고 생각했습니다.
그는 집에서 아무 데도 가지 않고 아무 것도 하지 않고 가만히 있었습니다.
자정이 다 되자 그는 비로소 안심을 하고 TV를 켰습니다. 하지만 TV를 켜는 그 순간 그는 죽고 말았습니다.
TV에서는 이런 소리가 나오고 있었습니다.
"뚱뚜둥 뚱뚱뚱 뚱~뚱 MBC문화방송~"

* 성품이 지나치게 예민한 사람은 매우 힘든 삶을 살게 됩니다. 그는 아무리 조심하고 아무리 상처를 받지 않으려고 애를 써도 상처를 받게 됩니다.
세상에는 별의 별 사람들이 다 있습니다. 우리는 그들을 다 내가 원하는 대로 바꿀 수 없습니다.
우리는 세상을 살아가면서 별의 별 일을 다 겪게 됩니다. 그때마다 우리가 놀라거나 마음이 상해서는 인생이 힘들 수밖에 없는 것입니다.
우리는 다른 사람의 말에 지나치게 신경을 써서는 안 됩니다. 다른 사람의 견해에 지나치게 노심초사할 필요는 없습니다.

우리는 넓은 마음을 가져야 합니다. 예민한 마음이 있다면 그것을 부드럽고 여유 있고 느긋하고 편안하게 바꾸기 위해서 힘써야 합니다. 환경을 바꾸고 다른 사람을 바꾸는 것보다는 자신을 바꾸는 것이 훨씬 더 나은 길입니다.

부디 넓고 여유 있는 의식을 훈련하십시오. 의식이 넓어지고 새로워질 때 우리는 많은 묶임과 상처에서 벗어나 행복하고 자유로운 삶을 살 수 있게 될 것입니다.

38. 교통 카드 사용법

버스를 탈 때마다 항상 동전을 사용하던 사람이 하루는 처음으로 교통카드를 사게 되었습니다.
그는 아주 기분이 좋았습니다. 앞으로는 동전을 가지고 다니지 말고 교통카드만을 사용해야겠다고 마음을 먹었습니다. 지하철을 탈 때도 매표소에서 줄을 서서 기다릴 필요가 없으니 더욱 기분이 좋았습니다.
그는 즐거운 마음으로 버스를 기다리다가 버스가 도착하자 올라탔습니다.
그는 여유 만만하게 카드를 꺼냈습니다. 그리고 평소에 하던 대로 동전을 넣는 통에 카드를 집어넣고 말았습니다.
잠시 후에 자기의 잘못을 깨닫게 된 그는 너무 속이 상했습니다. 다시는 교통카드를 사지 않기로 마음을 먹었습니다.

* 교통카드가 있으면 아주 편리합니다. 동전을 가지고 다닐 필요도 없고 지하철에서 줄을 서지 않아도 됩니다. 그것은 하나의 권리와 같은 것입니다.
하지만 중요한 것이 있습니다. 그 권리를 누리기 위해서는 바르게 카드를 사용하는 방법을 알아야 하는 것입니다. 동전을 넣듯이 카드를 넣어서는 안 되는 것입니다.
신앙에도 이와 같이 권리와도 같고 무기와도 같은 원리들이 있습니다.
예수 이름의 권세, 보혈의 능력, 성령님의 은사, 기름 부으심, 말씀의 능력..

우리가 이러한 권리와 무기에 대해서 잘 알게 될 때 우리는 좀 더 풍성한 그리스도인의 삶을 살 수 있게 될 것입니다.
다만 우리는 그 사용법에 대해서 제대로 알고 있어야 합니다. 진리에 대한 충분한 지식이 없이 자기 생각으로, 세상의 상식으로 그러한 무기들을 사용해서는 안 됩니다.
그리스도인의 권리와 능력에 대한 바른 지식과 이해와 경험이 있을 때 우리는 좀 더 강건하고 유능한 그리스도인이 될 수 있을 것입니다.

39. 공사 중

지나다니는 길에 이런 푯말이 붙어있었습니다.
'공사 중 - 통행에 불편을 드려서 대단히 죄송합니다.'
흔히 보게 되는 푯말이라 신경을 안 쓰고 지나갔는데 그 다음 날에 보니 그 푯말 밑에 다음과 같은 낙서가 쓰여 있었습니다.
'잘 알면서 그래!'

* 잘 알면서도 안 되는 것이 우리의 삶에 많이 있습니다.
어떤 이는 성격의 문제로 인하여, 어떤 이는 인간관계의 문제로, 어떤 이는 질병의 문제로, 어떤 이는 경제적인 문제로 인하여 고민합니다.
사람은 누구나 자기의 힘으로 할 수 없는 부분들을 한 가지 이상 가지고 있습니다. 우리는 그러한 문제들로 인하여 좌절하고 낙담하며 슬퍼합니다.
하지만 그러한 문제들은 우리를 겸손하게 만들며 우리를 주님의 사람으로 만들어 가는 통로가 되는 것입니다.

우리는 자신의 힘과 지혜를 내려놓고 오직 주님을 의뢰하고 사모하는 것을 배우게 됩니다.
그리고 비로소 주님은 우리의 힘이 되십니다.
그러므로 우리는 약할 때 그 약함으로 인하여 오히려 강건해지며 오직 우리의 능력과 힘과 지혜가 되시는 주를 알아가게 되는 것입니다.

우리는 모두 공사 중입니다.
그리고 그 공사가 끝날 때 우리는 주 앞에서 좀 더 나은 사람이 되어 있을 것입니다.

40. 모든 영역

어떤 남자가 남자 화장실에 이런 낙서를 했습니다.
'오늘날 남자의 영역은 모조리 여자에게 빼앗겼다.
이제 더 이상 남자만의 고유한 영역은 없다.
그러나 나는 하나님께 감사한다.
오직 이 곳만은 결코 여자가 침범할 수 없을 것이다.'
얼마 후에 그 밑에 이런 낙서가 있었습니다.
'과연 그럴까요? - 청소부 아줌마- '

* 우리의 모든 영역이 주님께 정복된다면, 그것은 얼마나 행복하고 멋진 일일까요.
우리는 좀 더 주님께 묶이고 사로잡힌 만큼
자유와 만족과 행복을 경험하게 됩니다.
그리고 그 기쁨과 영광과 행복은
영원히 사라지지 않게 될 것입니다.

41. 누가 도와주는가?

어떤 선비가 산길을 가고 있었습니다. 그는 목이 몹시 말랐습니다. 그래서 어디서 물을 한잔 얻어먹을 데가 없을까 하고 두리번거렸습니다.
그러나 그 곳은 산이라 집이 보이지 않았습니다. 계속 물을 찾는데 어떤 여인이 상위에 물 한 그릇을 떠놓고 빌고 있는 모습을 보았습니다.
선비는 반가운 마음에 다가가서 부탁을 했습니다.
"아주머니, 미안하지만 제가 목이 몹시 말라서 그러니 그 물을 조금만 마시게 해주세요."

그러자 아주머니는 대답했다.
"죄송합니다만, 이 그릇 속에 있는 것은 물이 아니고 죽입니다."
선비는 놀라서 물었습니다.
"죽이라고요? 아니 죽을 앞에 놓고 지금 뭐하시는 겁니까?"
아주머니는 태연하게 말했습니다.
"기도하고 있지요. 죽은 사람의 소원도 들어준다 하지 않았습니까.."

* 오늘날에도 자기 소원을 이루기 위해서 무턱대고 아무 데나 비는 이들이 많이 있습니다.
하지만 중요한 사실은 세상 어디에다 빌어도 아무런 도움이 오지 않는다는 것입니다.

우리의 도움은 오직 천지를 지으신 우리 하나님으로부터만 옵니다. 그러므로 우리는 오직 한분이신 주님께 기도하고 빌어야 하는 것입니다. 할렐루야!

42. 무릎 꿇기

어떤 사나이가 있었는데 항상 아내를 무서워하면서 살고 있었습니다. 그는 친구 사이에서도 소문난 공처가였는데 그가 하루는 친구들에게 말했습니다.
"이봐! 어제 드디어 아내가 내 앞에서 무릎을 꿇었어!"
그러나 아무도 그 말을 믿지 않았습니다.

그가 자꾸 우기니까 친구가 물었습니다.
"그래.. 아내가 무릎을 꿇고 뭐라고 말했는데?"
그는 조금 망설이다가 말했습니다.
" 여봇! 침대 밑에서 빨리 안 나와요? 라고 했어."
친구들은 '그러면 그렇지..' 하고 껄껄 웃었습니다.

한 친구가 다시 물었습니다.
"그래서 자네는 뭐라고 했나?"
사나이는 단호한 얼굴로 대답했습니다.
"이렇게 말했지. '싫어! 나도 남자야! 한번 안 나간다면 죽어도 안 나가!' 라고.."

* 아내가 무릎을 꿇는다고 좋아하지 마십시오.
그런 것은 좋은 일이 아닙니다. 그러한 것을 좋아하는 것은 유치한 것입니다. 그런 것은 세상 사람들이나 좋아하는 것입니다.
우리는 다른 이들에게 높임을 받는 것을 기뻐할 것이 아니라 주님께서 가르치신 것처럼 다른 이들 앞에서 자기를 낮추고 그들을 섬겨야 합니다.
그러므로 다른 이들이 우리에게 무릎을 꿇는 것보다 우리가 다른 이에게 무릎을 꿇는 것이 더 좋은 경우가 많은 것입니다.

무엇보다도 가장 좋은 것은 우리의 주인이시며 살아 계신 주님께 엎드려 무릎을 꿇는 것입니다.
그것이 바로 기도이며 예배이며
이 땅에 하늘의 천국을 가져다주는 비결인 것입니다.

43. 반말과 존댓말

조교가 훈련장에서 훈병들을 가르치고 있었습니다.
"여러분은 군인입니다. 그러므로 절도 있게 말을 해야 합니다. 여러분들은 지금부터 모든 말끝에 '다' 자와 '까' 자를 붙여야 합니다. 알았습니까."
훈병들이 대답했습니다.
"알았다."
훈병들이 반말을 하자 조교는 화가 나서 다시 말했습니다.
"모든 말끝에 '다' 자와 '까' 자 만을 붙일 수 있다고 했습니다. 알았습니까."
훈병들이 다시 대답했습니다.
"알았다니까!"

* 훈련이야 할 수 없지만, 평소에도 남을 윽박지르는 것을 좋아하는 사람이 있습니다. 그러나 그러한 태도는 언젠가는 그대로 자신에게 돌아옵니다.
모든 이들에게 할 수 있는 한 친절하게 대하십시오. 그것은 당신과 다른 이들을 행복하게 하는 중요한 비결입니다.

44. 관심과 변화

아들은 축구를 좋아했는데 어머니는 축구에 무관심했을 뿐 아니라 상식도 거의 없었습니다.
어떤 선수가 먼 곳에서 중거리 슛을 쏘면 '저거 3점 슛이지?' 하시거나 골키퍼가 손으로 공을 잡으면 '저거 반칙이다. 핸들링이잖아!' 하시곤 했습니다.

그러나 그 어머니가 한국에서 열린 2002월드컵 축구로 인하여 축구 전문가로 변신을 하고 말았습니다.
축구 전술에 대해서도 훤하고 선수 개개인의 특성과 신상도 줄줄이 꿰고 있어서 '김남일 발목 부상은 좀 어떠냐?'고 물으시기도 하고 '송종국은 정말 멀티 플레이어야!' 하시기도 하며 '홍명보의 중거리 슛 한방이 게임의 분위기를 바꾸어 놓는군.' 하시기도 했습니다.

그 날도 TV에서 축구 중계를 보시던 어머니는 한국팀이 수세에 몰리자 안타깝게 외치셨습니다.
"이 답답한 수비수들아! 그렇게 떨어져 있으면 어떻게 해! 압박을 해야지, 압박을!"

아들이 놀란 눈으로 쳐다보자 어머니는 말씀하셨습니다.
"뭘 그렇게 놀라는 척 해? 할리우드 액션하지 마!"

* 관심과 흥미는 모두를 전문가로 만듭니다.
아무리 무지로 충만한 사람도
금방 박사가 되는 것입니다.
그렇기 때문에 누구든지
주님의 은혜와 능력을 사모한다면
충만한 영권을 사모한다면
그가 누구든
그가 사모하는 만큼
그 은혜와 사랑 속에, 권능 속에
풍성하게 잠길 수 있는 것입니다!

45. 점 빼기

4.5와 5는 서로 친구입니다.
하지만 5의 숫자가 4.5 보다 높기 때문에 4.5는 항상 5를 만날 때마다 고개를 굽실거렸습니다.
5는 4.5를 볼 때마다 으스대며 그를 부려먹었습니다.
어느 날 5는 4.5를 만났는데 그가 평소와 다르게 고개를 들고 당당하게 쳐다보는 것이었습니다.
5가 의아해서 그를 보고 있자 4.5가 말했습니다.
"나, 점 뺐어. 나는 지금 45야!"

* 영적으로 무지할 때 우리는 악한 영들에게 속으며 눌리고 삽니다. 그래서 우리는 원하지 않는 행동들을 하며 노예와 같이 비참한 삶을 살게 됩니다.
우리 안에 많은 가능성이 있고 많은 아름다움들이 있지만 그러한 모든 것들은 우리 안에 갇혀 있을 뿐입니다.
그러나 진리를 깨닫게 되고 영적 세계를 이해하게 될 때 우리는 그 모든 묶임과 저주가 끝이 난 것을 알게 됩니다.

보혈의 능력과 예수 이름, 그리고 하나님의 사랑은 모든 점을 빼는 것과 같아서 우리의 죄와 저주와 약점이 끝나게 되는 것입니다.

깨닫고 나서 우리는 더 이상 악한 영들의 종노릇을 하지 않게 됩니다. 그러므로 우리는 당당하게, 풍성하게, 승리하는 삶을 살 수 있는 것입니다.

46. 추리 능력

명탐정 셜록 홈즈가 조수 와드슨과 함께 여행을 하다가 사막에서 텐트를 치고 노숙을 하게 되었습니다.
한 밤중에 홈즈가 잠을 깨니 별이 보였습니다.
홈즈는 와드슨을 깨우고 말했습니다.
"와드슨.. 하늘에 별이 보이지?
그것으로 무엇을 추리할 수 있는지 말해보게."
와드슨은 대답했습니다.

"저 밤하늘의 수많은 별들.. 그것은 수백 조가 넘는 엄청난 숫자이고 그 가운데에는 지구와 환경과 조건이 비슷한 수백만의 별이 있다는 것을 추리할 수 있지요.
그렇다면 외계에 인간과 같은 지적인 생명체가 있다는 것도 추리할 수 있습니다. 그리고.."

홈즈는 와드슨의 말을 막았습니다.
그리고 외쳤습니다.
"이 멍청아! 하늘에 별이 보인다는 것은
누군가가 우리의 텐트를 훔쳐간 거잖아!"

* 추리가 깊고 명석한 것과 멍청한 것은
서로 사촌지간입니다.
진리는 단순한 것이며
복잡한 사고는 인생을 복잡하게 만드는 것입니다.

하늘은 맑고
태양은 빛이 납니다.
주님은 우리를 만드셨으며
우리를 사랑하시고 인도하십니다.
그러므로 우리는 행복하게 살 수 있는 것입니다.
그저 단순하게 주님의 은혜와 사랑을 받아들인다면
우리는 지금 즉시 행복해질 수 있습니다.

47. 새 이름

어느 교수님의 컴퓨터가 고장이 났습니다.
그래서 컴퓨터 기사가 고치러 가서 그의 파일을 열어보았는데 기묘하게도 이 교수님의 한글 파일은 다 이런 이름으로 저장이 되어 있었습니다.
〈기러기.hwp〉
〈독수리.hwp〉
〈까치.hwp〉
〈황새.hwp〉
〈청둥오리.hwp〉
이렇게 수많은 파일들이 새의 이름으로 저장이 되어 있었는데 처음 들어보는 희한한 새의 이름들도 많이 있어서 컴퓨터 기사는 이 교수님이 조류 연구가인가 싶어서 물어보았습니다.
"저, 교수님.. 왜 파일을 이런 이름으로 저장하십니까?"

교수님은 땅이 꺼져라 한숨을 쉬었습니다.
"그렇지 않아도 그것 때문에 고생이 이만 저만이 아닙니다."
그는 고뇌 어린 표정으로 물었습니다.

"왜 컴퓨터는 파일을 저장할 때 꼭 〈새 이름으로 저장〉하라고 시키는 겁니까?"

* 가장 좋은 새 이름은 〈예수〉입니다.
우리는 모든 일에 예수 이름으로 나아가고 살아가며
이 이름을 통해서 모든 저주에서 벗어나
아름답고 풍성한 삶을 살 수 있는 것입니다.

48. 순수한 긍지

어떤 이가 도심을 벗어나 시골 쪽으로 달리다가 식사 시간이 되어 어디서 밥을 먹을까 궁리하고 있었습니다.
경치가 좋은 곳이 많은데 그런 곳에는 음식점들이 자리를 잡고 있었습니다.
그런데 음식점에 꼭 걸려있는 현수막이 있습니다.
"sbs -맛있는 집-으로 선정" –YY 숯불갈비–
"스포츠 조선 전국 맛 기행 추천" –XX 쌈밥–
"MBC 화제집중 촬영" –XY 식당-

왠지 마음에 들지 않아 계속 이동하던 중
정말 눈에 띄는 현수막이 있었습니다.
그 내용은..
"KBS SBS MBC 그 어느 곳에도 소개되지 않은 순수한 집" -xx 보리밥-

* 우리가 긍지를 느낄 수 있는 가장 놀라운 사실은 무엇일까요?

그것은 사람이나 세상의 그 어떤 평가도 아닙니다.
예수님이 우리를 사랑하신다는 것입니다.
아무 데서도 우리가 소개되지 않았을지라도
사람들이 우리를 알아주지 않는다고 하더라도
우리는 그것으로 이미 충분한 것입니다.

도서구입신청

도서 구입을 원하시는 분들을 위한 안내입니다.

1. 도서 목록 확인
페이지를 넘기시면 정원 목사님의 도서 전권이 안내되어있습니다.
도서 목록을 참조하셔서 필요로 하시는 책을 선택하십시오.
각 도서의 자세한 목차와 내용을 원하시면 정원목사 독자 모임 카페의 [저자및 저서소개] 코너를 참조하십시오. (http://cafe.daum.net/garden500)

2. 책신청
구입하실 도서를 결정하신 후에, 영성의 숲 출판사로 전화를 주세요.
(02-355-7526 / 010-9176-7526, 통화시간: 월~금 오전 9시~저녁 7시)
신청 도서 목록을 알려주시면 입금하실 금액을 안내해 드립니다.
신청하실 때는 책을 받으실 주소와 전화번호를 함께 알려주세요.
책신청은 전화 외에도 영성의 숲 홈페이지의 [책신청] 코너,
출판사 이메일(spiritforest@hanmail.net)을 사용하실 수 있습니다.

3. 송금
안내 받으신 도서 대금을 아래 계좌로 입금해 주세요.
(국민은행: 461901-01-019724, 우체국: 013649-02-049367, 예금주: 이혜경)
신청자 성함과 입금자 성함이 일치하지 않는 경우에는 입금자 성함을
꼭 알려주셔야 확인이 가능합니다.

4. 배송
입금 확인 후에 바로 발송 작업을 하는데, 발송후 도착까지 보통 2-3일 정도가 소요 됩니다. 책을 급하게 필요로 하실 경우에는 일반 서점을 이용해 주세요. 해외 배송을 원하시는 분은 총판을 담당하고 있는 생명의 말씀사로 문의해주시기 바랍니다.
(생명의 말씀사 080-022-1211 www.lifebook.co.kr)

| 정원 목사님의 저서 |

〈기도 시리즈〉

1. 하늘의 권능이 임하는 부르짖는 기도 1   373쪽, 12,000원/핸디북 10,000원
2. 하늘의 권능이 임하는 부르짖는 기도 2   444쪽, 14,000원/핸디북 11,000원
3. 대적기도의 원리와 능력   400쪽, 14,000원/핸디북 11,000원
4. 대적기도의 적용 원리   424쪽, 14,000원/핸디북 11,000원
5. 대적기도를 통한 승리의 삶   452쪽, 15,000원/핸디북 12,000원
6. 대적기도의 근본적인 승리 비결   454쪽, 14,000원/핸디북 12,000원
7. 아름답고 행복한 기도의 세계   276쪽, 9,000원
8. 주님의 마음에 이르는 기도   309쪽, 10,000원
9. 주님의 임재를 경험하는 길   308쪽, 10,000원
10. 예수 호흡기도   460쪽, 14,000원/핸디북 11,000원
11. 방언기도의 은혜와 능력 1   459쪽, 16,000원/핸디북 12,000원
12. 방언기도의 은혜와 능력 2   403쪽, 13,000원/핸디북 11,000원
13. 방언기도의 은혜와 능력 3   489쪽, 15,000원/핸디북 12,000원

〈영성 시리즈〉

1. 영성의 실제를 경험하는 길   357쪽, 11,000원
2. 생각의 자유를 경험하는 길   228쪽, 8,000원
3. 영성의 중심은 사랑입니다   271쪽, 8,000원
4. 영성의 원리   319쪽, 10,000원
5. 문제는 주님의 음성입니다   227쪽, 9,000원
6. 영성의 발전은 어떻게 이루어지는가   254쪽, 8,000원
7. 지금 이 공간에 임하시는 주님   340쪽, 11,000원
8. 심령이 약한 자의 승리하는 삶   228쪽, 9,000원
9. 천국의 중심원리   452쪽, 14,000원
10. 행복한 신앙을 위한 28가지 조언   348쪽, 12,000원

11. 성숙한 신앙을 위한 30가지 조언	340쪽. 12,000원
12. 의식의 깨어남을 사모하라	239쪽. 9,000원
13. 주님의 마음, 주님의 임재 속으로	348쪽. 11,000원
14. 영성의 발전을 갈망하라	292쪽 10,000원
15. 집회에서 흐르는 주님의 은혜	254쪽 8,000원
16. 삶을 변화시키는 생명의 원리	348쪽 11,000원
17. 낮아짐의 은혜1	308쪽 11,000원
18. 낮아짐의 은혜 2	388쪽 14,000원
19. 그리스도를 갈망하는 삶	268쪽 9,000원
20. 영이 깨어날수록 천국을 누린다	236쪽 8,000원

〈생활 영성 시리즈〉

1. 주님과 차 한잔을	220쪽. 6,000원
2. 일상의 삶에서 주님을 의식하기	280쪽. 8,000원
3. 일상에서 경험하는 주님의 사랑	277쪽 8,000원
4. 삶이 가르치는 지혜	212쪽. 6,000원
5. 사랑의 나라로 가는 여행	156쪽. 5,000원
6. 하나님의 뜻을 발견해 가는 여행	269쪽 8,000원
7. 일상에서 경험하는 주님의 은혜	253쪽 8,000원

〈묵상 시리즈〉

1. 맑고 깊은 영성의 세계를 향하여	140쪽. 5,000원
2. 주님은 생수의 근원 입니다	196쪽. 6,000원
3. 묻지 않는 자에게 해답을 던지지 말라	156쪽. 5,000원
4. 영혼을 깨우는 지혜의 샘물	180쪽 6,000원

주님과 차 한 잔을 (핸디북)

1판 1쇄 발행	2000년 1월 31일 (베드로 서원)
2판 1쇄 발행	2004년 5월 28일 (영성의 숲)
2판 2쇄 발행	2006년 1월 20일
3판 1쇄 발행	2009년 4월 20일
3판 3쇄 발행	2015년 3월 5일
지은이	정 원
펴낸이	이 혜경
펴낸곳	영성의 숲
등록번호	2001. 7. 19 제 8-341 호
전화	02 - 355 - 7526 (영성의숲)
핸드폰	010 - 9176 - 7526 (영성의숲)
E - mail	spiritforest@hanmail.net (영성의숲)
홈페이지	cafe.daum.net/garden500 (정원목사 독자 모임)
	cafe.naver.com/garden500 (정원목사 독자 모임)
국민은행	461901 - 01 - 019724
우체국	013649 - 02 - 049367
예금주	이 혜경
총판	생명의 말씀사
전화	02 - 3159 - 8211
팩스	080 - 022 - 8585,6

값 6,000원
ISBN 978 - 89 - 90200 - 66 - 2 03230